0650-848

7B Dienstleister

D1674379

TWBI
Böheimstr. 8
86153 Augsburg

PAL-Aufgabenbank

der PAL = **P**rüfungs-**A**ufgaben- und **L**ehrmittelentwicklungsstelle

Herausgegeben von der
Industrie- und Handelskammer Region Stuttgart

Testaufgaben aus der

PAL-Aufgabenbank

für die Berufsausbildung

Chemieberufe

Labortechnik

Messen, Steuern Regeln
Informationstechnische Arbeiten
Mikrobiologie
Laborwerkstoffe, -geräte
Arbeiten mit Flüssigkeiten, Gasen, festen Stoffen
Trenn- und Reinigungsverfahren
Physikalische Meßverfahren
Arbeitssicherheit
Umweltschutz

Dritte, völlig überarbeitete Auflage

Verlag Dr.-Ing. P. Christiani GmbH · Konstanz

Bestell-Nr. 100007
ISBN 3-87125-022-8

Chemieberufe
Labortechnik

Inhaltsverzeichnis

Messen, Steuern, Regeln	0001 bis 0033
Informationstechnische Arbeiten	0034 bis 0110
Mikrobiologie	0111 bis 0140
Laborwerkstoffe und -geräte	0141 bis 0172
Arbeiten mit Flüssigkeiten	0173 bis 0229
Arbeiten mit Gasen	0230 bis 0280
Arbeiten mit festen Stoffen	0281 bis 0330
Präparative Arbeiten	0331 bis 0342
Trenn- und Reinigungsverfahren	0343 bis 0483
Physikalische Meßverfahren	0484 bis 0535
Arbeitssicherheit	0536 bis 0714
Umweltschutz	0715 bis 0750

Geleitwort

700 Beauftragte der Arbeitgeber, der Arbeitnehmer und Lehrer an beruflichen Schulen entwickeln derzeit in 70 Fachausschüssen der PAL praxisnahe Aufgaben für Zwischen- und Abschlußprüfungen in 105 gewerblichen/technischen Berufen.

Diese umfassende Arbeit der PAL trägt dazu bei, die von den Kammern durchgeführten Prüfungen möglichst gerecht und vergleichbar zu gestalten. Die „PAL-Aufgabenbank" nimmt den Fachausschüssen der PAL die zeitraubende Erarbeitung neuer Aufgaben ab, sie erleichtert den Ausbildern in den Betrieben und den Lehrern der Berufsschulen eine wirksame und umfassende Kontrolle des Leistungsstandes der Auszubildenden. Die „PAL-Aufgabenbank" hilft schließlich dem Auszubildenden, sich mit dem System der Prüfung vertraut zu machen.

Die bereits veröffentlichten Teile der „PAL-Aufgabenbank" haben eine hervorragende Aufnahme gefunden. Dies hat den Herausgeber und die PAL ermutigt, weitere Testaufgaben zu veröffentlichen.

Herausgeber und PAL haben den Wunsch, daß auch diese Sammlung von Testaufgaben Ausbildern und Lehrern ihre verantwortungsvolle Aufgabe erleichtern möge. Die PAL wird weiterhin bemüht bleiben, zur Weiterentwicklung der beruflichen Bildung beizutragen. Sie nimmt Anregungen zu Verbesserungen sowie Hinweise auf etwaige Unstimmigkeiten dankbar entgegen.

Stuttgart, im Januar 1999

Hans Peter Stihl   Andreas Richter
Präsident   Hauptgeschäftsführer

Industrie- und Handelskammer Region Stuttgart

Die PAL-Aufgabenbank

umfaßt gebundene und ungebundene Prüfungsaufgaben für die Prüfungsfächer Technologie, Labortechnik, Technische Mathematik und Wirtschafts- und Sozialkunde. Sie wurde für die Zusammenstellung von Aufgabensätzen für die Zwischen- und die Abschlußprüfungen erstellt.

Für betriebliche und schulische Leistungsmessungen und zur Selbstkontrolle des Ausbildungsstands wurden für die Chemieberufe aus der PAL-Aufgabenbank etwa 3000 Aufgaben entnommen, verändert und als Testaufgaben in vier Teilen veröffentlicht; zwei Teile enthalten Testaufgaben für die Technologie und jeweils ein Teil Testaufgaben für die Labortechnik und die Technische Mathematik.

Der vorliegende Teil Labortechnik enthält die Fachgebiete Labortechnik, Arbeitssicherheit und Umweltschutz. Im Teil 1 sind Testaufgaben der allgemeinen Chemie, anorganischen Chemie, organischen Chemie und Produktionsverfahren veröffentlicht. Teil 2 umfaßt die Gebiete Physik und Analytik. Der vierte Teil enthält Testaufgaben der Technischen Mathematik.

Mit den veröffentlichten Testaufgaben steht den Ausbildern in den Betrieben und den Lehrkräften der Berufsschulen eine Aufgabensammlung zur Verfügung, die eine zeitraubende Erstellung immer neuer Aufgaben weitgehend überflüssig macht. Im Betrieb und in der Schule lassen sich nun häufiger Leistungsmessungen durchführen. Hierdurch können Mängel bei der Vermittlung und Schwierigkeiten bei der Aufnahme des Ausbildungsstoffs schneller erkannt werden, was wesentlich zur Verbesserung der Ausbildung beiträgt. Der Auszubildende kann mit diesen Testaufgaben seinen Ausbildungsstand selbst überprüfen. Er muß sich bei der Prüfungsvorbereitung allerdings intensiv mit den in den Testaufgaben angesprochenen Kenntnissen beschäftigen, denn in der Sammlung von Testaufgaben ist nur ein Teil, und dieser noch in veränderter Form, der Prüfungsaufgaben enthalten, die den Fachausschüssen zur Verfügung stehen. Hinzu kommt, daß es die große Zahl von Testaufgaben unmöglich macht, durch Auswendiglernen zum Prüfungserfolg zu gelangen.

Im Interesse einer größtmöglichen Übersichtlichkeit sind alle Aufgaben in gut überschaubaren Feldern angeordnet, so daß dem Auszubildenden die Konzentration auf die jeweilige Aufgabe erleichtert wird.

Die Testaufgaben wurden insbesondere auf der Grundlage der Verordnung über die Berufsbildung zum Chemielaboranten/ zur Chemielaborantin zusammengestellt. Sie eignen sich auch für die Ausbildungsberufe Chemikant/-in, Chemielaborwerker/-in, Biologielaborant/-in, Lacklaborant/-in, jedoch für diese Berufe nur insoweit, wie die Ausbildungsordnungen Kenntnisse der in den vier Teilen enthaltenen Gebiete vorschreiben.

Zu jedem Fachgebiet wurden Testaufgaben unterschiedlicher Schwierigkeit zusammengestellt. Der Ausbilder bzw. der Lehrer hat daher darauf zu achten, daß nur solche Testaufgaben bei der Leistungsmessung verwendet werden, die der Auszubildende bei dem ihm vermittelten Wissen tatsächlich lösen kann. Der Lösungszeitaufwand liegt bei den PAL-Aufgaben zur Technologie zwischen einer und drei Minuten je Aufgabe. Hierdurch ist es möglich, in einer relativ kurzen Zeit eine große Zahl von Aufgaben bearbeiten zu lassen. Auf diese Weise läßt sich ein umfassendes, aussagefähiges und zuverlässiges Bild vom Kenntnisstand des Auszubildenden ermitteln.

Die vorliegende 3. Auflage

wurde völlig überarbeitet. Dabei wurden die Aufgaben der technischen Entwicklung sowie der geänderten Normen und Vorschriften angepaßt. Außerdem wurden die bei der Nachbereitung der Zwischen- und Abschlußprüfungen berechneten statistischen Daten berücksichtigt.

0001

Mit welchem Energieträger können Meßwerte am schnellsten übertragen werden?

1. Elektrischer Strom
2. Drucköl
3. Schall
4. Ultraschall
5. Druckluft

0002

Welchen Einfluß hat die Erwärmung einer Kupferleitung, wenn mit der Leitung Meßwerte in Form von elektrischem Strom übertragen werden sollen?

1. Der elektrische Strom wird durch die Wärmedehnung der Leitung größer.
2. Der elektrische Strom wird durch eine Thermospannung kleiner.
3. Der elektrische Strom wird größer, weil der Leitungsquerschnitt bei Erwärmung größer wird.
4. Der elektrische Strom bleibt konstant, weil Widerstand und Wärmedehnung sich gegenseitig aufheben.
5. Der elektrische Strom wird kleiner, weil der Widerstand größer wird.

0003

Welches der genannten Meßgeräte gibt als Meßsignal eine elektrische Spannung ab?

1. Bimetallthermometer
2. Dampfdruckthermometer
3. Thermoelement
4. Meßblende
5. Widerstandsthermometer

0004

Ein Meßergebnis wird mit dem arithmetischen Mittelwert und mit der Standardabweichung angegeben. Welche Aussage ist richtig?

1. Der Mittelwert ist mit dem wahren Meßwert identisch.
2. Die Standardabweichung ist ein Maß für die Streuung der Einzelwerte.
3. Der wahre Meßwert liegt mit 100%iger Sicherheit innerhalb der angegebenen Standardabweichung.
4. Die Standardabweichung ist nicht geeignet, sogenannte Ausreißer in einer Meßreihe zu erkennen.
5. Auftretende zufällige Meßfehler führen stets zu einer einseitigen Verschiebung des Meßwerts.

0005

Welche Behauptung über das Steuern ist richtig?

1. Bei der Steuerung wird ein vorgegebener Sollwert von der Steuereinrichtung selbsttätig konstant gehalten.
2. Die Steuerung erfolgt in einem geschlossenen Steuerkreis.
3. Steuern ist die Beeinflussung einer physikalischen Größe durch eine andere.
4. Eine Steuerkette besteht aus der Steuereinrichtung und der Regelstrecke.
5. Die Ausgangsgröße der Steuereinrichtung wird als Steuergröße bezeichnet.

0006

Bei welcher Art der Signalverarbeitung erfolgt die Steuerung mit zwangsläufig schrittweisem Ablauf, wobei das Weiterschalten auf den programmgemäß nächsten Schritt nur von der Zeit abhängig ist?

1. Synchrone Steuerung
2. Zeitgeführte Ablaufsteuerung
3. Prozeßabhängige Ablaufsteuerung
4. Asynchrone Steuerung
5. Verknüpfungssteuerung

0007

In der Automatisierungstechnik werden Sensoren und Aktoren verwendet. Welche Aussage über Sensoren bzw. Aktoren ist richtig?

(1) Sensoren setzen die Ergebnisse aus der zentralen Informationsverarbeitung in Befehle für den Prozeß um.

(2) Aktoren haben die Aufgabe, physikalische Größen zu erfassen und in nutzbare Signale umzuwandeln.

(3) Sensoren haben die Aufgabe, physikalische Größen zu erfassen und in nutzbare Signale umzuwandeln.

(4) Aktoren verarbeiten die von den Sensoren ausgegebenen Informationen und geben sie an Ausgabeeinheiten weiter.

(5) Sensoren geben digitale und Aktoren analoge Signale aus.

0008

Welche Aufgabe hat das Meßglied (Sensor) in der Regelungstechnik?

(1) Feststellen der Differenz zwischen Ist- und Sollwert

(2) Erfassen des Istwertes, Übermittlung an die Regeleinrichtung, Soll-Ist-Vergleich und Antrieb des Stellglieds

(3) Einstellen des Sollwerts

(4) Erfassen der Regelgröße

(5) Verringern von Totzeiten

0009

Welche Behauptung über die Begriffe Steuern oder Regeln ist richtig?

(1) Beim Steuern wird die Steuerstrecke nicht beeinflußt.

(2) Beim Steuern besteht ein geschlossener Wirkungsablauf.

(3) Es besteht kein Unterschied zwischen Steuern und Regeln.

(4) Beim Regeln besteht ein geschlossener Wirkungsablauf.

(5) Beim Regeln übernimmt der Meßfühler die Änderung der Regelgröße.

0010

Welche Glieder sind für einen vollständigen Regelkreis nötig?

(1) Regelstrecke und Regeleinrichtung

(2) Regelstrecke und Meßeinrichtung

(3) Regelstrecke und Verstärker

(4) Regeleinrichtung und Meßeinrichtung

(5) Regeleinrichtung und Verstärker

0011

Woran erkennt man eine Regelung?

(1) Eine Regelung hat einen geschlossenen Wirkungsablauf und deshalb keine Rückführung.

(2) Bei einer Regelung wird der Istwert (tatsächlicher Wert) dem Sollwert (gewünschter Wert) angeglichen.

(3) Das Regeln ist der Vorgang, bei dem eine oder mehrere Eingangsgrößen die Ausgangsgrößen beeinflussen.

(4) Eine Regelung besteht aus einer Regelstrecke.

(5) Bei einer Regelung wird der Sollwert (tatsächlicher Wert) dem Istwert (gewünschter Wert) angeglichen.

0012

Was ist das Kennzeichen einer Regelung?

(1) Sollwert-Vorgabe

(2) Istwert-Prüfung

(3) Grenzwert-Kontrolle

(4) Soll-Istwert-Differenzanzeige

(5) Ist-Sollwert-Vergleich

0013

Welche Aufgabe hat ein Regler?

(1) Er mißt und meldet den Istwert.

(2) Er stellt die Regelgröße fest.

(3) Er mißt und meldet den Sollwert.

(4) Er vergleicht und gibt die Stellgröße an das Stellglied weiter.

(5) Er mißt die Störgröße.

0014

Welchen Wert muß der Regler im Regelkreis verstärken?

(1) Stellgröße

(2) Regelgröße

(3) Störgröße

(4) Führungsgröße

(5) Regelabweichung

0015

Was versteht man unter dem Sollwert eines Reglers?

(1) Den tatsächlich gemessenen Wert

(2) Den höchsten Wert, der erreicht werden darf

(3) Den gewünschten Einstellwert

(4) Den kleinsten Wert, der noch zulässig ist

(5) Die Abweichung vom geforderten Wert

0016

Wie wird in der Regelungstechnik die Größe bezeichnet, die auf dem vorgegebenen Wert gehalten werden soll?

(1) Führungsgröße

(2) Regelgröße

(3) Stellgröße

(4) Störgröße

(5) Regelstrecke

0017

Wie wird die Differenz zwischen Regelgröße und Führungsgröße bezeichnet?

(1) Regelbereich

(2) Hysterese

(3) Regelabweichung

(4) Güteklasse

(5) Proportionalbereich

0018

Was versteht man unter der Führungsgröße eines Reglers?

(1) Den kleinsten Wert, der noch zulässig ist

(2) Den Sollwert der zu regelnden physikalischen Größe

(3) Den tatsächlich gemessenen Wert

(4) Die Abweichung vom geforderten Wert

(5) Den größten Wert, der erreicht werden darf

0019

Was versteht man in der Regelungstechnik unter dem Begriff Regelgröße?

①   Die Größe, die trotz äußerer Einflüsse beibehalten werden soll

②   Den tatsächlichen Wert der Störgröße

③   Die störenden Einflüsse, die Abweichungen vom Sollwert verursachen

④   Die Größe, die den Istwert beeinflußt

⑤   Den Wert, der zur Zeit der Messung vorhanden ist

0020

An welcher Stelle des Regelkreises muß die Regelgröße konstant gehalten werden?

①   Transmitter

②   Leitgerät

③   Regelstrecke

④   Stellglied

⑤   Regler

0021

Was versteht man unter dem Begriff Störgröße?

①   Eine Größe, die auf einem bestimmten Wert gehalten werden soll

②   Die Schaltzeit zur Herstellung der Führungsgröße

③   Den augenblicklich vorhandenen Wert

④   Das Stellglied, das die Stellgröße verändert

⑤   Einflüsse, die die Abweichung der Regelgröße zur Führungsgröße bewirken

0022

Was ist im Sinn der Regelungstechnik *keine* Störgröße?

①   Schwankungen in der Kühlwasserzufuhr

②   Ausfall des Thermofühlers

③   Unterbrechung des Dauerbetriebs

④   Schwankungen der Kühlwassertemperatur

⑤   Wegnahme der isolierenden Ummantelung des Heizbands

0023

Welches Formelzeichen hat die Führungsgröße des Regelkreises?

①   w

②   x

③ x_d

④   y

⑤   z

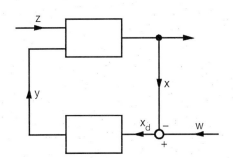

0024

Was ist die Ausgangsgröße eines Reglers?

①   Die Regelgröße x

②   Die Führungsgröße w

③   Die Stellgröße y

④   Die Störgrößen z_1, z_2..

⑤   Der Sollwert v

0025

Welches Formelzeichen hat die Störgröße des Regelkreises?

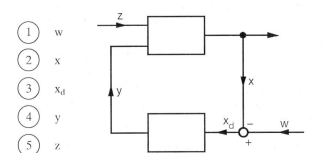

(1) w

(2) x

(3) x_d

(4) y

(5) z

0026

Welches Formelzeichen hat die Stellgröße des Regelkreises?

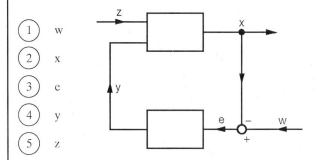

(1) w

(2) x

(3) e

(4) y

(5) z

0027

Welches Formelzeichen für die Größen des Regelkreises
ist *falsch*?

(1) Regelgröße: x

(2) Störgröße: s

(3) Stellgröße: y

(4) Führungsgröße: w

(5) Regelabweichung: e

0028

Welcher Begriff gehört
in den Block des neben-
stehenden Wirkungs-
plans?

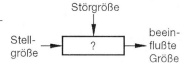

(1) Steuerung

(2) Strecke

(3) Regelung

(4) Regelglied

(5) Steuereinrichtung

0029

Mit welcher Kennziffer ist in dem skizzierten Regelkreis
die Regelstrecke gekennzeichnet?

(1) 1

(2) 2

(3) 3

(4) 4

(5) 5

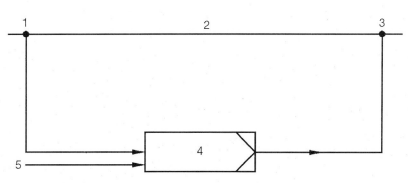

0030

Der nebenstehende Blockschaltplan stellt einen Regelkreis dar. Was sind die Eingangs- und die Ausgangsgrößen der Regeleinrichtung?

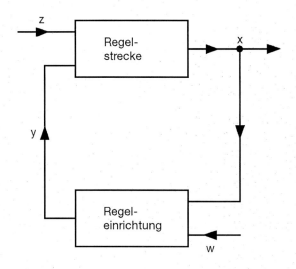

(1) Eingang: Störgröße
Ausgang: Stellgröße

(2) Eingang: Regelgröße und Führungsgröße
Ausgang: Stellgröße

(3) Eingang: Stellgröße und Führungsgröße
Ausgang: Regelgröße

(4) Eingang: Störgröße und Stellgröße
Ausgang: Regelgröße

(5) Eingang: Stellgröße
Ausgang: Führungsgröße

0031

In welcher Zeile der Tabelle sind Eingangs- und Ausgangsgrößen einer Regelstrecke richtig wiedergegeben?

	Eingangsgröße (n)	Ausgangsgröße (n)
(1)	Stör- und Stellgröße	Regelgröße
(2)	Führungs- und Stellgröße	Regelgröße und Regelabweichung
(3)	Regelabweichung und Störgröße	Führungs- und Stellgröße
(4)	Regelgröße	Regelabweichung
(5)	Führungs- und Regelgröße	Stell- und Störgröße

0032

In einem gasbeheizten Ofen wird die Temperatur durch
eine Regelung konstant gehalten. Was ist in der Anlage
die Regelgröße?

(1) Gasstrom

(2) Gasdruck

(3) Gaszusammensetzung

(4) Heizwert

(5) Temperatur

0033

In dem nebenstehenden Wirkungsplan eines Regelkreises
sind einige Größen mit den Ziffern 1 bis 3 gekennzeichnet. Welche Zeile der Tabelle gibt die richtige Zuordnung
von regelungstechnischer Bezeichnung und Ziffer wieder?

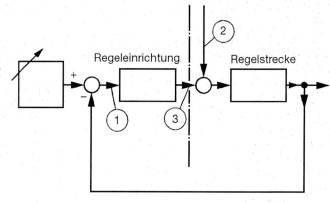

	Ziffer 1	Ziffer 2	Ziffer 3
(1)	Störgröße	Regel-abweichung	Regelgröße
(2)	Regel-abweichung	Störgröße	Stellgröße
(3)	Regel-abweichung	Regelgröße	Stellgröße
(4)	Regelgröße	Stellgröße	Führungs-größe
(5)	Führungs-größe	Störgröße	Regel-abweichung

0034

Zu welchem Verknüpfungsglied gehört die Wahrheitstabelle?

E1	E2	A
0	0	0
0	1	1
1	0	1
1	1	1

(1) UND-Glied

(2) ODER-Glied

(3) UND-Glied mit negiertem Eingang E2

(4) NAND-Glied

(5) NOR-Glied

0035

Mit welchem Verknüpfungsglied kann die Schaltung verglichen werden?

(1) NICHT-Glied

(2) UND-Glied

(3) NOR-Glied

(4) NAND-Glied

(5) ODER-Glied

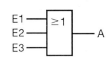

0036

Welche Zeile der Funktionstabelle für das Verknüpfungsglied mit drei Eingängen ist richtig?

E1 —
E2 — ≥1 — A
E3 —

	Eingänge			Ausgang
	E1	E2	E3	A
(1)	0	0	0	1
(2)	1	0	1	1
(3)	1	1	0	0
(4)	1	0	0	0
(5)	1	0	1	0

0037

Zu welchem Verknüpfungsglied gehört die Wahrheitstabelle?

E1	E2	A
0	0	0
0	1	0
1	0	0
1	1	1

(1) UND-Glied

(2) UND-Glied mit negiertem Eingang E1

(3) UND-Glied mit negiertem Eingang E2

(4) ODER-Glied

(5) NAND-Glied

0038

Welche Zeile der Funktionstabelle für das Verknüpfungsglied ist richtig?

E1 — & — A
E2 —

	Eingänge		Ausgang
	E1	E2	A
(1)	0	0	1
(2)	1	0	1
(3)	0	1	1
(4)	1	1	1
(5)	1	1	0

0039

Durch welches Verknüpfungsglied kann die Verknüpfungsschaltung ersetzt werden?

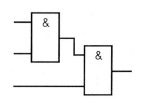

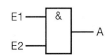

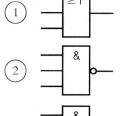

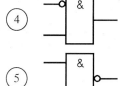

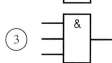

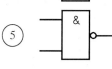

0040

Zu welchem Verknüpfungsglied gehört die Wahrheitstabelle?

E1	E2	A
0	0	1
0	1	0
1	0	0
1	1	0

(1) UND-Glied

(2) UND-Glied mit Negation eines Eingangs

(3) NAND-Glied

(4) NOR-Glied

(5) ODER-Glied

0041

Zu welchem Verknüpfungsglied gehört die Wahrheitstabelle?

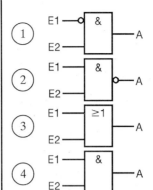

E1	E2	A
0	0	0
0	1	1
1	0	0
1	1	0

0042

Zu welchem Verknüpfungsglied gehört die Wahrheitstabelle?

E1	E2	A
0	0	1
0	1	1
1	0	1
1	1	0

(1) NAND-Glied

(2) Exklusiv-ODER-Glied

(3) NOR-Glied

(4) UND-Glied mit negiertem Eingang

(5) ODER-Glied mit negiertem Eingang

0043

Unter welchen Eingangsbedingungen führt der Ausgang des Verknüpfungsglieds ein 0-Signal?

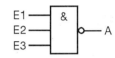

	E1	E2	E3
(1)	0	0	0
(2)	1	1	1
(3)	1	0	1
(4)	1	1	0
(5)	0	1	1

0044

Ein Baustein der Digitaltechnik mit zwei Eingängen trägt die Bezeichnung „Exklusiv ODER". Welche Behauptung hierzu ist richtig?

(1) Es ist ein Verknüpfungsglied, dessen Ausgangsvariable immer dann den Wert 1 hat, wenn beide Eingänge ungleich sind.

(2) Es ist ein Verknüpfungsglied mit definierter Nullage.

(3) Es ist ein Verknüpfungsglied mit besonders großer Ausgangsbelastbarkeit.

(4) Es ist ein Verknüpfungsglied mit doppelt negiertem Ausgang.

(5) Es ist ein Verknüpfungsglied mit besonders großem Verstärkungsgrad.

0045

Ein Gerät soll so angesteuert werden, daß es immer dann eingeschaltet ist, wenn **nur** das Signal S1 = 1 oder **nur** das Signal S2 = 1 wird. Welches der Verknüpfungsglieder erfüllt diese Bedingung?

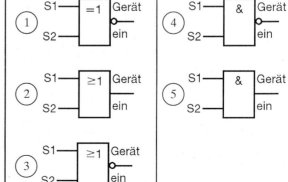

0046

Durch welches Verknüpfungsglied kann die Verknüpfungsschaltung ersetzt werden?

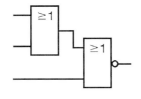

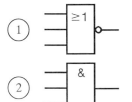

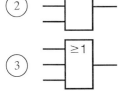

0047

Welche der symbolisierten Verknüpfungsglieder verhalten sich gleich?

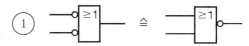

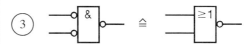

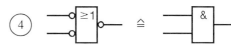

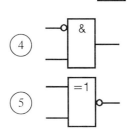

0048

Welche Verknüpfungsschaltung hat die gleiche Funktion
wie ein UND-Glied?

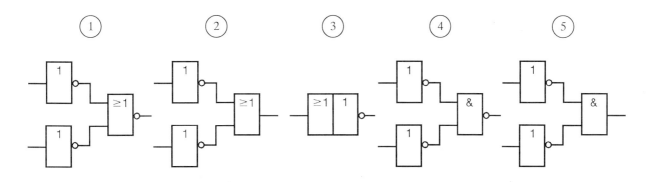

0049

Welche Gleichung gilt
für die Schaltung?

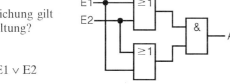

(1) $A = E1 \vee E2$

(2) $A = E1 \wedge E2$

(3) $A = (E1 \wedge E2) \vee (E1 \wedge E2)$

(4) $A = \overline{E1 \vee E2}$

(5) $A = \overline{E1 \wedge E2}$

0050

Welche Gleichung gilt
für die Schaltung?

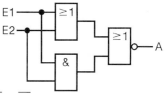

(1) $A = \overline{E1 \wedge E2} \vee (\overline{E1} \wedge \overline{E2})$

(2) $A = (\overline{E1} \vee \overline{E2}) \vee \overline{E1 \vee E2}$

(3) $A = \overline{\overline{E1 \vee E2} \vee E1 \wedge E2}$

(4) $A = E1 \wedge E2 \wedge (E1 \vee E2)$

(5) $A = (\overline{E1} \vee \overline{E2}) \wedge \overline{E1 \vee E2}$

0051

Warum kann die Zahl 12310 *keine* Dualzahl sein?

(1) Weil die Zahl mehr als zwei Stellen hat

(2) Weil die Zahl nicht in 4-bit-Gruppen dargestellt ist

(3) Weil nicht nur die Ziffern 0 und 1 verwendet werden

(4) Weil die Zahl keinen der Buchstaben A bis F enthält

(5) Weil die Zahl nicht in Tetradenschreibweise dargestellt ist

0052

Welche Behauptung über Dualstellen ist richtig?

(1) Mit 4 Dualstellen lassen sich max. 15 Zeichen darstellen.

(2) Mit 4 Dualstellen lassen sich max. 2^4 Zeichen darstellen.

(3) Mit 4 Dualstellen lassen sich max. 9 Zeichen darstellen.

(4) Mit 4 Dualstellen lassen sich max. 10 Buchstaben darstellen.

(5) Mit 4 Dualstellen lassen sich nur 4 Bit und ein Vorzeichen darstellen.

0053

Eine Dualzahl wird um zwei Bitstellen nach links verschoben. Welche Behauptung über ihren Wert ist richtig?

(1) Er wird subtrahiert.

(2) Er wird addiert.

(3) Er wird durch 2 dividiert.

(4) Er wird mit 4 multipliziert.

(5) Er wird mit 2 multipliziert.

0054

Wieviel Stellen werden benötigt, um die Dezimalzahl 135 im dualen Zahlensystem darzustellen?

(1) 10 Dualstellen

(2) 8 Dualstellen

(3) 6 Dualstellen

(4) 5 Dualstellen

(5) 4 Dualstellen

0055

Die Dezimalzahl 13 soll in eine Dualzahl umgewandelt werden. Welches Ergebnis ist richtig?

(1) 1000

(2) 1001

(3) 1011

(4) 1101

(5) 1111

0056

Welche Dualzahl entspricht der Dezimalzahl 18?

(1) 1001

(2) 01001

(3) 01010

(4) 10010

(5) 10101

0057

Worauf beruht das Rechnen in einer Datenverarbeitungsanlage?

① Auf den Zählvorgängen nach einem festen Programm

② Auf den Zählvorgängen nach einem veränder-
baren Programm

③ Auf logischen Verknüpfungen nach den Regeln
der mathematischen Logik ohne ein vorgegebenes
Programm

④ Auf den Zählvorgängen mit Buchstaben und
Zeichen

⑤ Auf logischen Verknüpfungen nach den Regeln
der mathematischen Logik mit einem vorgegebenen Programm

0058

Aus welchen Hauptgruppen besteht eine Datenverarbeitungsanlage?

① Hauptspeicher, Steuerwerk, Rechenwerk

② Eingabeeinheit, Ausgabeeinheit, Datenübertragung

③ Eingabeeinheit, Ausgabeeinheit, Zentraleinheit

④ Zentraleinheit, Hauptspeicher

⑤ Datenverarbeitung, Ausgabeeinheit, Steuerwerk

0059

Wozu dient ein Betriebssystem?

① Es steuert den Datenfluß zwischen CPU und Festplatte.

② Es steuert und überwacht den Betriebsablauf einer
Datenverarbeitungsanlage.

③ Es ist ein Übersetzerprogramm für den Personal-
computer.

④ Es ist ein Hilfsprogramm, z.B. zum Sortieren von
Daten.

⑤ Es ist ein Netzwerk-System in einem Betrieb.

0060

Was bedeutet in der Datenverarbeitung das E-V-A-
Prinzip?

① Elektronische Verarbeitung, Anweisung

② Eingabe, Verarbeitung, Ausgabe

③ Elektrische Verarbeitungs-Aufgabe

④ Einfacher Verarbeitungs-Aufbau

⑤ Elektronische Vereinfachungs-Aufgabe

0061

Welche Behauptung über die Zentraleinheit einer
Datenverarbeitungsanlage ist richtig?

① Sie ermittelt das Programm für die Datenverarbeitung.

② Sie ist ein vollständiger selbständig arbeitender
Teil einer Datenverarbeitungsanlage.

③ Sie kann immer nur dann arbeiten, wenn der
Drucker eingeschaltet ist.

④ Sie muß stets zusammen mit dem Kartenleser
betrieben werden.

⑤ Sie ist an allen Vorgängen innerhalb der Anlage
beteiligt.

0062

Welche Aufgabe übernimmt das Programmstatusregister
(Flagregister) in einer CPU?

① Es dient dazu, die Ports eines Computers zwischen Ein- und Ausgabe umzuschalten.

② Bei der Abarbeitung eines Verarbeitungsbefehls
werden je nach Ergebnis im Register bestimmte
Flags gesetzt oder rückgesetzt.

③ Im Statusregister werden nach einem Datentrans-
port Informationen durch Setzen oder Rücksetzen
von Flags gespeichert.

④ Im Statusregister werden die Fehlermeldungen
gespeichert.

⑤ Sollen im Programm unbedingte Sprünge ausgeführt werden, so richtet sich das nach diesem
Register.

0063

In einem Mikrocomputer stellt die CPU den Hauptbaustein dar. In welcher Auswahlantwort stehen nur Bestandteile einer CPU?

(1)　Akku, RAM, Datenregister, Programmzähler, Befehlsregister

(2)　Akku, Datenregister, Programmzähler, ALU, Befehlsregister

(3)　Akku, ALU, Datenregister, ROM, Befehlsregister

(4)　ALU, Arbeitsspeicher, Befehlsregister, Programmzähler, Stackpointer

(5)　ALU, Stackpointer, RAM, Arbeitsspeicher, Programmzähler

0064

Was versteht man unter Formatieren einer Diskette?

(1)　Die Diskette wird vom Anwenderprogramm gelöscht.

(2)　Die Diskette wird nach Programmfehlern untersucht.

(3)　Die Diskette wird vom Rechner kopiert.

(4)　Die Diskette wird vom Betriebssystem in Spuren und Sektoren eingeteilt.

(5)　Die Diskette wird parallel mit Daten beschrieben.

0065

Wie ist feststellbar, ob eine Diskette formatiert wurde?

(1)　Durch einen Befehl des Betriebssystems

(2)　An der Stellung der Schreibschutzöffnung

(3)　An der Farbe, sie ist bei formatierten Disketten dunkel, bei nicht formatierten hell

(4)　An der Oberfläche, sie ist bei formatierten Disketten matt, bei nicht formatierten glänzend

(5)　An den im Hüllenfenster sichtbaren Rillen

0066

Welche Auswahlantwort enthält eine oder mehrere Aufgaben eines Mikrocomputer-Betriebssystems?

(1)　Eintippen eines Programms über die Tastatur

(2)　Umwandlung von Digitalgrößen in Analoggrößen

(3)　Veränderung des Festwertspeichers im Rechner

(4)　Umwandlung von Analoggrößen in Digitalgrößen

(5)　Verwaltung der Dateien und Organisation des Arbeitsspeichers

0067

Wie werden die einzelnen Bits eines Bytes in einem Magnetplattenspeicher abgespeichert?

(1)　Jeweils ein Bit auf einer Spur, wobei die einzelnen Spuren nebeneinander liegen

(2)　Jeweils ein Bit auf einer Spur, wobei die einzelnen Spuren übereinander liegen

(3)　Jeweils ein Bit, pro Speicherplatte

(4)　Die einzelnen Bits können an beliebigen Stellen des Plattenstapels abgespeichert werden.

(5)　Die einzelnen Bits werden in einer Spur hintereinander abgespeichert.

0068

Der Speicher einer Datenverarbeitungsanlage ist in einzelne Stellen unterteilt. Diese Speicherplätze sind durchnumeriert. Wie werden diese Nummern genannt?

(1)　Adressen

(2)　Bytes

(3)　Bits

(4)　Daten

(5)　Zellen

0069

Welcher der genannten Speicher behält seine Informationen auch nach dem Ausschalten des Computers?

1. Hauptspeicher
2. Erweiterter Speicherbereich
3. ROM
4. Bildschirmspeicher
5. RAM

0070

Welche Aussage zu externen Speichern ist richtig?

1. Festplatten zeichnen sich durch hohe Speicherkapazität und lange Zugriffszeiten aus.
2. Auf externen Speichern werden die Daten durch das Betriebssystem verwaltet.
3. Streamer sind Datensicherungsgeräte, die mit optischen Speicherverfahren arbeiten.
4. Disketten sind abriebfest, da der Schreib-/Lesekopf ca. 0,5 μm über der Plattenoberfläche schwebt.
5. Festplatten drehen sich im Gegensatz zu Disketten während der Speicherung nicht.

0071

Welche Einheit wird im Bild mit ROM bezeichnet?

1. Schreib-Lese-Speicher
2. Random-Speicher
3. Rechenwerk
4. Lesespeicher
5. Programmierbarer Speicher

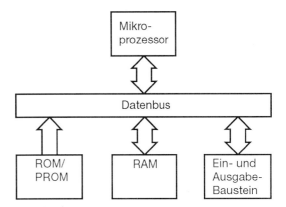

0072

Welche Einheit wird im Bild mit RAM bezeichnet?

1. Schreib-Lese-Speicher
2. Festwertspeicher
3. Leitwerk
4. Magnetbandspeicher
5. Arithmetik-Logik-Einheit

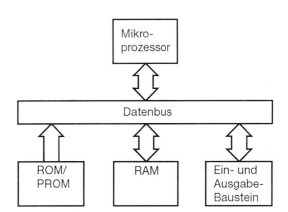

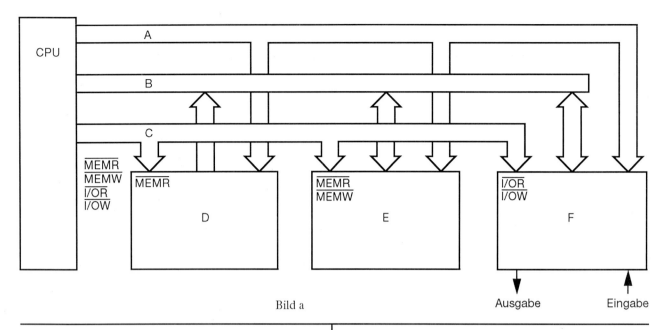

Bild a

Ausgabe   Eingabe

0073

Bild a. In welcher Zeile der Tabelle ist die Funktionsein-
heit den Funktionsblöcken B bis F richtig zugeordnet?

	Funktions-block	Funktionseinheit
1	B	Steuerbus
2	C	Datenbus
3	D	Eingabe-Ausgabe-Einheit
4	E	Schreib-Lese-Speicher
5	F	Programmspeicher

0074

Bild a. In welcher Zeile der Tabelle ist die Funktionsein-
heit den Funktionsblöcken A bis E richtig zugeordnet?

	Funktions-block	Funktionseinheit
1	A	Datenbus
2	B	Adreßbus
3	C	Steuerbus
4	D	Schreib-Lese-Speicher
5	E	Eingabe-Ausgabe-Einheit

0075

Welche elementare Baugruppenbezeichnung muß in dem
dargestellten Mikrocomputersystem ergänzt werden?

1 RAM

2 A/D-Wandler

3 Festplatte

4 Taktgenerator

5 Diskettenlaufwerk

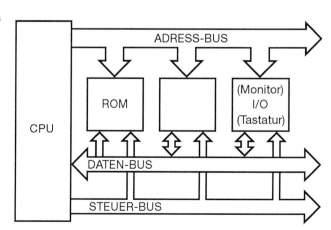

14

0076

Welche Aufgabe hat in einer Datenverarbeitungsanlage der Hauptspeicher?

1. Steuerung des Ablaufs und Koordination der Bauteile

2. Bearbeitung der Daten (arithmetische und logische Operationen)

3. Datenausgabe und Datenübertragung

4. Einlesen von Programmen und Daten

5. Speicherung von Programmen und Daten

0077

Welche Aufgabe hat die ALU in einem Mikrocomputersystem?

1. Die ALU schaltet zwei Datenwörter sequentiell auf den Akkumulator.

2. Die ALU nimmt den Operationscode eines Befehls auf.

3. Die ALU trennt in einem Befehl den Adreßteil vom Operationsteil.

4. Die ALU decodiert die Befehle.

5. Die ALU verknüpft zwei n-Bit breite Daten arithmetisch oder logisch.

0078

Welche Aussage über den direkten Speicherzugriff in einem Mikrocomputersystem ist richtig?

1. Die CPU wird durch den direkten Speicherzugriff stärker belastet.

2. Die CPU kann ohne interne Register Speicher lesen und beschreiben.

3. Die CPU überträgt den Zugriff einer Peripheriebaugruppe auf den Schreib-Lesespeicher direkt.

4. Die CPU wird beim Zugriff einer Peripheriebaugruppe auf den Schreib-Lesespeicher umgangen.

5. Die CPU steuert den Datenaustausch zweier Peripheriegeräte.

0079

Welcher Speicher kann *nicht* elektrisch gelöscht werden?

1. RAM

2. VRAM

3. EEPROM

4. EPROM

5. Flash-Speicher

0080

Welche Aussage über EPROMs ist richtig?

1. EPROMs können mit UV-Licht gelöscht werden.

2. EPROMs können elektrisch gelöscht werden.

3. EPROMs können nur vom Hersteller programmiert werden.

4. EPROMs sind als Arbeitsspeicher geeignet.

5. EPROMs verlieren Ihren Speicherinhalt bei Spannungsausfall.

0081

Was ist die kleinste Informationseinheit in der Computertechnik?

1. BYTE

2. kBIT

3. MBYTE

4. MBIT

5. BIT

0082

Welche Aussage über die genannten Begriffe der Datenverarbeitung ist richtig?

(1) Zur Speicherung eines Zeichens wird 1 Byte benötigt.

(2) Der RAM-Speicher wird auch als Nur-Lese-Speicher bezeichnet.

(3) 1 Byte ist die kleinste Informationseinheit.

(4) 9 Bit entsprechen 1 Byte.

(5) Typenraddrucker arbeiten schneller als Tintenstrahldrucker.

0083

Welche der genannten Größen entspricht 1 KByte?

(1) 1 000 Bit

(2) 1 024 Bit

(3) 8 000 Bit

(4) 1 000 Byte

(5) 1 024 Byte

0084

In welcher Zeile der Tabelle sind die Angaben zur Speicherorganisation und zur Speicherkapazität richtig zugeordnet?

	Speicher-organisation	Speicher-kapazität
(1)	1 024 × 8	1 KByte
(2)	256 × 1	1 KByte
(3)	512 × 4	2 KByte
(4)	512 × 8	1 KByte
(5)	1 024 × 4	0,5 Byte

0085

Für einen Arbeitsspeicher wird die Kapazität mit 32 KB angegeben. Was bedeutet die Abkürzung?

Das Speichervermögen beträgt

(1) 32 000 Bit.

(2) 32 mal 1 024 Bytes.

(3) 32 Bytes.

(4) 32 000 Wörter.

(5) 32 mal 1 024 Bit.

0086

Bei welchem Speichertyp ist ein „Refresh"-Zyklus notwendig?

(1) SRAM

(2) DRAM

(3) EPROM

(4) EEROM

(5) Flash-Speicher

0087

Welcher Begriff gehört zu dem Oberbegriff „Software"?

(1) Befehlszähler

(2) Steuerwerk

(3) Festwertspeicher

(4) Schnelldrucker

(5) Flußdiagramm

0088

Welcher Teil eines Mikrocomputersystems gehört zur Software?

① Elektronisches Bauteil

② Betriebssystem

③ RAM

④ ROM

⑤ Bussystem

0089

Welcher Teil eines Mikrocomputersystems gehört zur Software?

① Tastatur

② Bildschirm

③ Drucker

④ Programm

⑤ CPU

0090

Welches Betriebsmittel ist eine Eingabeeinheit der Datenverarbeitungsanlage?

① Arbeitsspeicher

② Bildschirm

③ Maus

④ Drucker

⑤ CPU

0091

In welcher Auswahlantwort sind **nur** Eingabegeräte einer Datenverarbeitungsanlage angegeben?

① Lichtstift, Belegleser, Zeilendisplay

② Tastatur, Plotter, Lesestift

③ Belegleser, Mikrophon, Zeilendisplay

④ Grafiktableau, Laserdrucker, Tastatur

⑤ Maus, Scanner, Grafiktableau

0092

In welcher Auswahlantwort sind **nur** Eingabegeräte einer Datenverarbeitungsanlage angegeben?

① Anzeigeeinheit, Sensor, Prozessor

② Maus, Prozessor, Schreiber

③ Tastatur, Maus, Bildschirm

④ Tastatur, Maus, Sensor

⑤ Maus, Arbeitsspeicher, Drucker

0093

Welcher der genannten Teile einer Datenverarbeitungs- anlage kann *nicht* zur Ausgabe von Daten benutzt werden?

① Diskettenlaufwerk

② Plotter

③ Bildschirm

④ Drucker

⑤ Maus

0094

Was versteht man in der Datenverarbeitung unter „Peripherie"?

① Die Bezeichnung der Software

② Die Bezeichnung der Zentraleinheit

③ Die Ausgabe mit der Zentraleinheit

④ Die Eingabe mit der Zentraleinheit

⑤ Die in ihrer Gesamtheit an einer Datenverarbeitungsanlage angeschlossenen Geräte

0095

In welcher Auswahlantwort stehen **nur** periphere Geräte einer Datenverarbeitungsanlage?

① Zentralspeicher, Leitwerk, Ausgabegerät

② Eingabegeräte, Ausgabegeräte, externe Speicher

③ Rechenwerk, Ausgabegeräte, Eingabegeräte

④ Eingabegeräte, externe Speicher, Zentralspeicher

⑤ Zentralspeicher, Eingabegeräte, Ausgabegeräte

0096

Welche Aussage über Schnittstellen ist richtig?

① Bei parallelen Schnittstellen werden die Datenbits nacheinander übertragen.

② Parallele Schnittstellen benötigen zur Datenübertragung nur 4 Leitungen.

③ Bei parallelen Schnittstellen ist bei gleicher Schrittgeschwindigkeit der Datendurchsatz höher als bei seriellen Schnittstellen.

④ Bei seriellen Schnittstellen werden die Datenbits gleichzeitig übertragen.

⑤ Serielle Schnittstellen eignen sich nicht zur Datenübertragung an Tastaturen.

0097

Wie wird die Art der Datenübertragung genannt, bei der die Informations-Bytes gleichzeitig durch die Leitung gesendet werden?

① Sequentiell

② Seriell

③ Parallel

④ Digital

⑤ Analog

0098

Wie wird die Art der Datenübertragung genannt, bei der die Informations-Bits nacheinander durch die Leitung gesendet werden?

① Sequentiell

② Parallel

③ Seriell

④ Digital

⑤ Analog

0099

Welche Aussage über einen 16-Bit-Datenbus ist richtig?

① Es können 16 Bit gleichzeitig übertragen werden.

② Es können 16 Bit pro Sekunde übertragen werden.

③ Es können 8 Bit zum Adressaten und gleichzeitig 8 Bit zurück gesendet werden.

④ Es können 2^{16} Speicherstellen adressiert werden.

⑤ Die Datenübertragung erfolgt schneller als bei einem 32-Bit-Datenbus.

0100

Datenschnittstellen werden in serielle und parallele Schnittstellen unterschieden. Welche der folgenden Aussagen ist richtig?

1. Serielle Schnittstellen werden nur in Großrechnern verwendet.

2. Parallele Schnittstellen lassen keine großen Übertragungsgeschwindigkeiten zu.

3. Serielle Schnittstellen benötigen im minimalen Fall nur 3 Leitungen.

4. Parallele Schnittstellen können nur Daten senden, nicht empfangen.

5. Serielle Schnittstellen eignen sich nur für sehr kurze Entfernungen.

0101

In welchem Fall spricht man in der Datenverarbeitung von On-Line-Betrieb?

1. Wenn die Geräte nicht in direkter Verbindung mit der Zentraleinheit betrieben werden.

2. Wenn die Geräte in direkter Verbindung mit der Zentraleinheit betrieben werden.

3. Wenn Dialog- und Ausgabegeräte kombiniert werden.

4. Wenn Erfassungs- und Eingabegeräte kombiniert werden.

5. Wenn Dialog- und Erfassungsgeräte direkt verbunden sind.

0102

Was versteht man unter einem Compiler?

1. Übersetzungsprogramm

2. Programmiersprache

3. Vergleicher

4. Testprogramm

5. Datenmenge

0103

Welche Aussage über einen Compiler ist richtig?

1. Er übersetzt ein Programm aus der Maschinensprache in eine Programmiersprache (z.B. BASIC).

2. Er interpretiert einen Befehl und führt ihn sofort aus.

3. Er übersetzt ein vorhandenes Programm in die Maschinensprache.

4. Er wird zum Erstellen von Programmen verwendet.

5. Er wandelt Assemblerbefehle in höhere Programmiersprachen um.

0104

Was wird mit Assembler bezeichnet?

1. Binär-codiertes Maschinenprogramm

2. Höhere problemorientierte Programmiersprache

3. Übersetzerprogramm und höhere Programmiersprache

4. Übersetzerprogramm und maschinenorientierte Programmiersprache

5. Spezielle Programmiersprache für speicherprogrammierte Steuerungen

0105

Welche Behauptung über ein Register in einem Mikrocomputersystem ist richtig?

1. Es ist Teil einer Festplatte.

2. Es ist das Tastenfeld des Bedienungspults.

3. Es ist ein Hilfsspeicher.

4. Es ist ein ROM.

5. Es ist der Teil des Arbeitsspeichers.

0106

Was versteht man in der Datenverarbeitung unter einem Programm?

(1)　Die grafische Darstellung eines Arbeitsablaufs

(2)　Eine Folge von logisch geordneten Befehlen zur Lösung einer bestimmten Aufgabe

(3)　Eine Methode zur übersichtlichen Gestaltung von Ablaufplänen

(4)　Den Befehlsvorrat einer Datenverarbeitungsanlage

(5)　Einen sich stets wiederholenden Rechenvorgang

0107

Welche Aussage über das Programm ist richtig?

(1)　Das Programm ist eine Folge von Befehlen.

(2)　Das Programm besteht aus einem Befehl.

(3)　Das Programm ist ein Teil der Hardware.

(4)　Das Programm besteht nur aus Operanden.

(5)　In einem Programm sind die Operanden die Befehle.

0108

Was versteht man unter einem Programmablaufplan?

(1)　Ein Diagramm, das den zeitlichen Ablauf eines Befehls durch das Leitwerk erkennen läßt

(2)　Eine zeichnerische Darstellung des Datenflusses im Arbeitsspeicher

(3)　Eine zeichnerische Darstellung des logischen Ablaufs eines Programms

(4)　Den Bildschirmausdruck nach der Eingabe des Programms

(5)　Eine zeichnerische Darstellung, wie das Programm die Hardwarekomponenten auslastet

0109

Welches Sinnbild symbolisiert der dargestellte Rhombus in einem Programmablaufplan?

(1)　Bedingte Verzweigung

(2)　Sprunganweisung

(3)　Flächenberechnung

(4)　Programmschleife

(5)　Eingabe

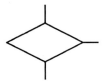

0110

Was wird durch den abgebildeten Teil des Programmablaufplans dargestellt?

(1)　Programmschleife

(2)　Mehrfache Alternative

(3)　Einfache Alternative

(4)　Geplante Wiederholung

(5)　Sprunganweisung

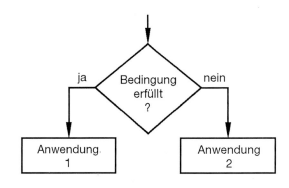

0111

Welches ist die kleinste selbständige Lebenseinheit?

1. Plasma
2. Zelle
3. Zellkern
4. Zellmembran
5. Mitochondrien

0112

Wovon ist das Wachstum von Hefen *nicht* abhängig?

1. Nährmedium
2. Feuchtigkeit
3. Temperatur
4. Licht
5. pH-Wert

0113

Welchen Zweck hat die Sterilisation in Dampf von 121 °C?

1. Haltbarmachung von Milch
2. Vernichtung aller Lebewesen in einem Material
3. Oberflächliche Befreiung von Mikroorganismen in Nährmedien
4. Reinigung von Leitungswasser für Trinkzwecke
5. Abtötung von ausschließlich Pilz- und Bakterien-sporen

0114

Welche Anforderung wird an ein Sterilisierverfahren gestellt?

1. Nach der Sterilisation muß das Material keimarm sein.
2. Nach der Sterilisation dürfen keine pathogenen Keime mehr vorhanden sein.
3. Nach der Sterilisation dürfen nur noch Sporen vorhanden sein.
4. Nach der Sterilisation dürfen nur noch apathogene Pilze vorhanden sein.
5. Nach der Sterilisation muß das Material frei von vermehrungsfähigen Keimen sein.

0115

Durch welchen Vorgang können alle Mikroorganismen abgetötet werden?

1. Kurzzeitiges Erhitzen auf 80 °C
2. Kurzzeitiges Erhitzen auf 160 °C
3. Einstündiges Erhitzen auf 180 °C
4. Waschen mit Alkohol
5. Behandeln mit Halogenen

0116

In welcher Auswahlantwort sind alle drei Bedingungen für eine Dampfdrucksterilisation richtig angegeben?

	Überdruck	Temperatur	Sterilisations-zeit
1	1,5 bar	110 °C	20 min
2	1,0 bar	121 °C	20 min
3	1,0 bar	110 °C	10 min
4	0,75 bar	115 °C	10 min
5	0,5 bar	131 °C	10 min

0117

Welches der genannten Verfahren führt *nicht* zur Verminderung der Keimzahl?

① Bestrahlen

② Erhitzen

③ Evakuieren

④ Membranfiltrieren

⑤ Behandeln mit bestimmten Chemikalien

0118

Welcher Baustein des Zellaufbaus ist **nur** bei pflanzlichen Zellen vorhanden?

① Zellwand

② Organellen

③ Plasma

④ Kernmembran

⑤ Zellkern

0119

Welche der genannten Lebewesen gehören *nicht* zu den Mikroorganismen?

① Kieselalgen

② Bakterien

③ Hefen

④ Schimmelpilze

⑤ Milben

0120

Welche Aussage trifft auf die Photosynthese *nicht* zu?

① Strahlungsenergie wird in chemische Energie verwandelt.

② Chlorophyll wirkt in der Photosynthese als Katalysator.

③ Bei der Photosynthese wird Sauerstoff verbraucht.

④ Die Photosynthese liefert Kohlenhydrate und Sauerstoff.

⑤ Ausgangstoffe der Photosynthese sind CO_2 und H_2O.

0121

Welches Kriterium kann bei der makroskopischen Auswertung einer Fangplatte *nicht* ermittelt werden?

① Form der Kolonien

② Farbe der Kolonien

③ Oberflächenstruktur der Kolonien

④ Anzahl der Kolonien

⑤ Anzahl der Zellen in den Kolonien

0122

Wie weist man mit einer Fangplatte Mikroorganismen in der Luft nach?

① Man läßt einen Drigalskispatel 5 min in der zu untersuchenden Luft liegen und streicht ihn dann auf einer Agarplatte ab.

② Man läßt eine Agarplatte eine bestimmte Zeit offen stehen und inkubiert.

③ Man läßt verflüssigten Agar im Reagenzglas 5 min offen stehen, gießt ihn dann aus und bebrütet.

④ Man bläst ein definiertes Luftvolumen in eine Nährbouillon und bebrütet diese dann.

⑤ Man legt einen Filter, durch welchen Luft angesaugt wurde, auf den Agar und inkubiert.

0123

Was sind pathogene Keime?

1. Mikroorganismen, die krankmachend wirken

2. Mikroorganismen, die gegen alle Penicilline resistent sind

3. Mikroorganismen, die vermehrungsfähig sind

4. Mikroorganismen, die für den Menschen nützlich sind

5. Nützliche Bakterien der Darmflora

0124

Was versteht man unter dem Begriff Inkubationszeit?

1. Die Zeitspanne zwischen Eindringen pathogener Mikroorganismen in einen Wirtsorganismus bis zu ihrem Auftreten in dessen Blut

2. Die Zeitspanne zwischen dem Eindringen pathogener Mikroorganismen in einem Wirtsorganismus und des Auftretens erster klinischer Krankheitserscheinungen

3. Die Zeitspanne zwischen dem Eindringen pathogener Mikroorganismen in einen Wirtsorganismus und dem Beginn der Ausscheidung dieser Krankheitserreger

4. Die Zeitspanne, während der der Wirtsorganismus Erreger ausscheidet

5. Die Dauer des Fieberstadiums

0125

Wie müssen die Hände vor dem Anlegen der sterilen Handschuhe, vor dem Betreten von Sterilräumen gereinigt werden?

1. Eintauchen der Hände vor der Arbeit in Desinfektionsmittel

2. Intensives Reinigen der Hände und anschließendes Verwenden eines Desinfektionsmittels

3. Intensives Reinigen der Hände mit Wasser, Seife und Bürste

4. Reinigen der Hände mit Wasser und Seife

5. Waschen der Hände und trocknen mit Warmluft

0126

Welche Aussage zur Biotechnologie ist richtig?

1. Bei allen biotechnologischen Verfahren spielen Enzyme eine Rolle.

2. Biotechnologische Verfahren können nur mit gentechnologisch veränderten Mikroorganismen durchgeführt werden.

3. Biotechnologische Verfahren arbeiten immer mit tierischen Zellkulturen.

4. Biotechnologische Verfahren werden ausschließlich zur Produktion von Nahrungsmitteln und Arzneimitteln angewendet.

5. Bei allen biotechnologischen Verfahren spielen Bakterien oder Pilze eine Rolle.

0127

Welcher der genannten Stoffe besteht *nicht* aus Makromolekülen?

1. Polyethylen

2. Stärke

3. Kautschuk

4. Silicongummi

5. Glycol

0128

Was versteht man unter dem Begriff Fermenter?

1. Ein Apparat zum Isolieren von Fermenten

2. Ein Gerät zum Prüfen der Wirksamkeit von Enzymen

3. Ein Apparat zum Synthetisieren von Vitaminen

4. Ein Behälter zur Massenkultivierung von Mikroorganismen

5. Eine bestimmte Enzymgruppe

0129

Woraus wird Agar-Agar gewonnen?

1. Bakterien
2. Pilzen
3. Schwämmen
4. Algen
5. Knorpelgewebe

0130

Wozu wird in der Mikrobiologie Agar-Agar verwendet?

1. Als Nährstoff
2. Als Wuchsstoff
3. Als Gelierstoff
4. Als Einbettungsmittel
5. Als Indikator

0131

Was versteht man unter dem Begriff Gärung?

1. Den Abbau von organischen Substanzen ohne Luftsauerstoff zu energieärmeren Verbindungen
2. Den Abbau von organischen Substanzen ohne Sauerstoff zu anorganischen Substanzen
3. Den Aufbau von organischen Substanzen unter Lichteinwirkung
4. Den oxidativen Abbau von Glucose zu Kohlenstoffdioxid und Wasser
5. Die Ernährungsform bestimmter Tiere

0132

Was versteht man unter „Alkoholischer Gärung"?

1. Den anaeroben Abbau von Polysacchariden durch die von Hefezellen gebildete Maltase
2. Den anaeroben Abbau von Polysacchariden durch die von Hefezellen gebildete Zymase
3. Den aeroben Abbau von Pentosen durch die von Hefezellen gebildete Zymase
4. Den aeroben Abbau von Hexosen durch die von Hefezellen gebildete Zymase
5. Den anaeroben Abbau von Hexosen durch die von Hefezellen gebildete Zymase

0133

Welches Nebenprodukt entsteht bei der alkoholischen Gärung?

1. Sauerstoff
2. Traubenzucker
3. Hefe
4. Stärke
5. Kohlenstoffdioxid

0134

Welche Aussage über die Gärung ist richtig?

1. Bei jeder Gärung entsteht Ethanol.
2. Durch Gärung können Mikroorganismen durch Stoffumsetzung Energie gewinnen.
3. Alle Gärungen laufen nur bei Anwesenheit von molekularem Sauerstoff ab.
4. Die bei der Gärung entstehenden Produkte sind energiereicher als die Ausgangsprodukte.
5. Gärprozesse sind immer an die Anwesenheit von Lebewesen gebunden.

0135

Was versteht man unter „Alkoholische Gärung"?

Den durch von Hefezellen gebildeten Enzyme bewirkten

① anaeroben Aufbau von Polysacchariden

② aeroben Abbau von Polysaccariden

③ aeroben Aufbau von Pentosen

④ anaeroben Abbau von Hexosen

⑤ aeroben Abbau von Triosen

0136

Wie untersucht man eine Wasserprobe auf Bakterien?

① Indem man die frische Wasserprobe mikroskopisch analysiert

② Indem man die Wasserprobe bei 36 °C inkubiert und dann prüft, ob sie trübe geworden ist

③ Indem man die Wasserprobe auf einen Nährboden gibt und eine bestimmte Zeit lang bebrütet

④ Indem man die Wasserprobe mit einem Desinfektionsmittel versetzt und dann erst mikroskopisch untersucht

⑤ Indem man zu der Wasserprobe Glucose gibt und prüft, ob diese abgebaut wird

0137

Welcher der genannten Stoffe kann von den Bakterien in der biologischen Stufe einer Abwasserreinigungsanlage abgebaut werden?

① Salzsäure

② Ethanol

③ Kalk

④ Natronlauge

⑤ Quecksilber

0138

Was versteht man unter dem Begriff „BSB_5"?

① Biologischer Schwefelbedarf für 5 L Abwasser

② Biologischer Sauerstoffbedarf für 5 L Abwasser

③ Biologischer Sauerstoffbedarf, Mittelwert aus 5 Proben

④ Biologischer Sauerstoffbedarf an 5 Tagen

⑤ Bestimmung des Salzbedarfs von Bakterien in 5 Tagen

0139

Was bedeutet der Begriff Teilungsrate?

① Zunahme der Zellmasse pro Zeiteinheit

② Zunahme der Teilungsgeschwindigkeit pro Zeiteinheit

③ Anzahl der Zellteilungen pro Zeiteinheit

④ Abnahme der Zellmasse pro Zeiteinheit

⑤ Abnahme der Trübung einer Bakteriensuspension pro Zeiteinheit

0140

Zu welcher Gruppe der Lebewesen gehören die Hefen?

① Pilze

② Bakterien

③ Algen

④ Tiere

⑤ Viren

0141

Welches Glas benötigt die höchste Verarbeitungstemperatur?

1. Quarzglas
2. Bleiglas
3. Erdalkaliborosilikatglas (z.B. Jenaer Glas)
4. Borosilikatglas (z.B. Duran 50)
5. Natronglas (Normalglas)

0142

Welche Glassorte hat die höchste Schmelztemperatur?

1. Jenaer Glas
2. Borosilikatglas
3. Bleiglas
4. Natronglas
5. Quarzglas

0143

Glasgeräte sind mehr oder weniger empfindlich gegenüber schnellem Temperaturwechsel. Bei welchem Gerät ist die Bruchgefahr am **kleinsten**?

1. Dickwandiges Gefäß aus Jenaer Glas
2. Dünnwandiges Gefäß aus Quarz
3. Dünnwandiges Gefäß aus Geräteglas mit Boratgehalt
4. Dickwandiges Gefäß aus Hartglas mit hohem Alkaligehalt
5. Dickwandiges Gefäß aus Glas mit hohem Quarzgehalt

0144

Welcher der genannten Stoffe hat die größte Beständigkeit gegenüber starken Temperaturschwankungen?

1. Emaille
2. Quarzglas
3. Porzellan
4. Acrylglas
5. Polyethylen

0145

Warum wird Glas bei der Herstellung von chemischen Großanlagen nur beschränkt verwendet?

1. Weil es lichtdurchlässig ist
2. Weil es nicht bruchsicher ist
3. Weil es nach längerer Zeit zur Kristallisation neigt
4. Weil es sich verformt
5. Weil es von vielen Säuren angegriffen wird

0146

Warum verwendet man Polyethylen in der Regel *nicht* als Werkstoff zur Herstellung von Reagenzgläsern?

1. Weil es nicht so durchsichtig ist wie Glas
2. Weil es nicht so temperaturbeständig ist wie Glas
3. Weil es nicht so spröde ist wie Glas
4. Weil es keine so hohe Dichte hat wie Glas
5. Weil es nicht so beständig gegen manche Chemikalien ist wie Glas

0147

Welches Gerät zeigt das Bild?

1. Luftkühler
2. Erlenmeyerkolben
3. Reitmeyeraufsatz
4. Destillationsvorstoß
5. Claisen-Aufsatz

0148

Welches Gerät zeigt das Bild?

1. Claisen-Aufsatz
2. Kurzkolonne
3. Vorstoß
4. Rücklaufteiler
5. Destillationsbrücke

0149

Wie wird der dargestellte Kolben genannt?

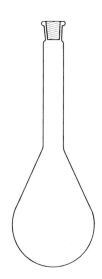

1. Englerkolben
2. Claisenkolben
3. Dimrothkolben
4. Kjeldahlkolben
5. Soxhletkolben

0150

Welches Bild zeigt ein Gerät, das *nicht* als Destillations-**aufsatz** verwendet wird?

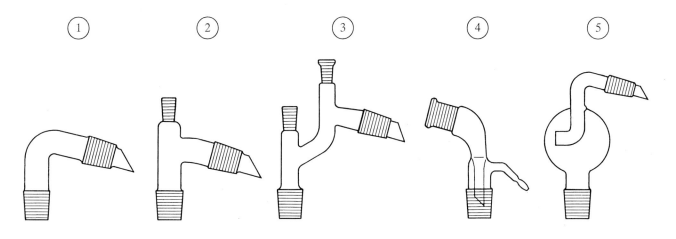

1   2   3   4   5

0151

Welches Laborgerät zeigt das Bild?

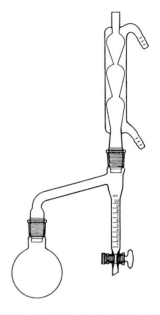

1. Viskosimeter

2. Apparatur zur Stickstoffbestimmung

3. Meßgerät für Volumenkontraktion

4. Rücklaufteiler für fraktionierte Destillation

5. Apparatur zur Wasserbestimmung

0152

Welche Bauteile gehören zu einer Kegelschliff-Verbindung?

1. Nur Kern

2. Kern und Hülse

3. Nur Hülse

4. Hülse und Pfanne

5. Kern und Pfanne

0153

Welche Bauteile gehören zu einer Kugelschliff-Verbindung?

1. Nur Kugel

2. Kugel, Pfanne und Kugelschliffklammer

3. Hülse, Pfanne und Kugelschliffklammer

4. Kern, Kugel und Kugelschliffklammer

5. Nur Pfanne

0154

Ein Kegelschliff hat die Bezeichnung NS 29. Was bedeutet die Zahl 29 in dieser Angabe?

1. Mittlerer Durchmesser des Schliffs in mm

2. Kleinster Durchmesser des Schliffs in mm

3. Größter Durchmesser des Schliffs in mm

4. Größter Querschnitt des Schliffs in mm^2

5. Länge des Schliffs in mm

0155

Welches Schliffteil wird im Labor als Übergangsstück bezeichnet?

0156

Aus welchem Material bestehen Gefäße, in denen man konz. Salzsäure lagert?

(1) Eisen

(2) Steingut

(3) Holz

(4) VA-Stahl

(5) Blei

0157

Welches Metall läßt sich mit konzentrierter HNO_3 passivieren?

(1) Ca

(2) Ag

(3) Cu

(4) Cr

(5) Pb

0158

Welches Metall wird bei Zimmertemperatur von Natronlauge angegriffen?

(1) Eisen

(2) Chrom

(3) Nickel

(4) Aluminium

(5) Kupfer

0159

Welche Flüssigkeit soll *nicht* in Glasflaschen mit Schliffstopfen aufbewahrt werden?

(1) Salzsäure

(2) Schwefelsäure

(3) Ammoniaklösung

(4) Salpetersäure

(5) Natronlauge

0160

Wie dürfen Platintiegel *nicht* behandelt werden?

(1) Glühen auf 1 000 °C

(2) Reinigen mit Natronseife

(3) Erhitzen des Tiegels mit leuchtender Flamme

(4) Kühlen unter −76 °C

(5) Schmelzen von $KHSO_4$ im Platintiegel

0161

Warum kann man einen Platindraht in einen Glasstab einschmelzen?

(1) Weil Platin die Wärme besser als Glas leitet

(2) Weil Glas transparent ist

(3) Weil Platin einen ähnlichen Ausdehnungskoeffizienten wie Glas hat

(4) Weil Platin bei der Schmelztemperatur des Glases ebenfalls schmilzt

(5) Weil Platin bei der Schmelztemperatur des Glases nicht korrodiert

0162

Welcher Metallüberzug auf Stahlblech verhindert bei Beschädigung des Überzugs das Rosten des Stahls?

1. Zink
2. Zinn
3. Kupfer
4. Silber
5. Nickel

0163

Welche Aussage über Wärmequellen im Labor ist *falsch*?

1. Teclubrenner verbrennen wie Bunsenbrenner Brenngas und Luft, ihre maximale Verbrennungstemperatur liegt bei etwa 500 °C.

2. Wasserbäder dienen zum Erhitzen von Flüssigkeiten, die nicht auf offener Flamme erwärmt werden dürfen.

3. Heizplatten sind nicht absolut sicher, da sich brennbare Dämpfe an ihnen entzünden können.

4. Ölbäder dienen zur gleichmäßigen Wärmeübertragung überwiegend bei Temperaturen über 90 °C.

5. Muffelöfen erreichen Glühtemperaturen von mehr als 1 000 °C.

0164

Ein Gasbrenner ist „durchgeschlagen", d. h. die Flamme brennt schon im Brenner an der Düse. Was ist zu tun?

1. Brenner weiterbrennen lassen, da keine Gefahr besteht

2. Gaszufuhr am Brenner abstellen, Luftzufuhr am Brenner öffnen und erneut anzünden

3. Brenner abstellen und gegen einen anderen Brenner, dessen Luftzufuhr vollständig geöffnet ist, austauschen

4. Gaszufuhr am Brenner abstellen, Luftzufuhr schließen und erneut anzünden

5. Gaszufuhr am Brenner etwas drosseln

0165

Welche Temperatur kann man mit einer Knallgasflamme etwa erreichen?

1. 200 °C
2. 500 °C
3. 1 000 °C
4. 1 500 °C
5. 2 500 °C

0166

An welcher Stelle herrscht in der skizzierten rauschenden Gasbrenner-Flamme die höchste Temperatur?

1. Bei A
2. Bei B
3. Bei C
4. Bei D
5. Bei E

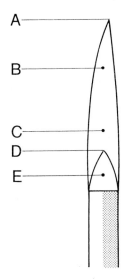

0167

Welche Aussage über Ventile ist im allgemeinen richtig?

1. Sie können schnell geschlossen werden.

2. Sie eignen sich zum Regulieren von Förderströmen.

3. Sie haben einen kleinen Strömungswiderstand.

4. Sie können ohne Berücksichtigung der Strömungsrichtung eingebaut werden.

5. Sie sind nur bei kleinen Drücken einsetzbar.

0168

Welche Aussage über Druckminderventile ist richtig?

1. Sie dienen als Sicherheitsvorrichtung gegen unzulässigen Unterdruck in einer Anlage.

2. Sie dienen zum Begrenzen des Überdrucks in Behältern, Kesseln und Rohrleitungen.

3. Sie dienen zum Erhöhen des Drucks in einer Druckgasflasche.

4. Sie können Gase von niedrigem Druck auf einen höheren Druck verdichten.

5. Sie dienen als Sicherheitsvorrichtung bei der Entnahme von unter Druck stehenden Flüssigkeiten und Gasen.

0169

Welche der genannten Pumpen wird *nicht* zur Erzeugung von Unterdruck eingesetzt?

1. Drehschieberpumpe

2. Wasserringpumpe

3. Kreiselpumpe

4. Wasserstrahlpumpe

5. Dampfstrahlpumpe

0170

Welche Aussage über Druckgasflaschen ist richtig?

1. Druckgasflaschen für Sauerstoff haben immer Linksgewinde zum Anschluß des Druckminderers.

2. Eine Druckgasflasche für Sauerstoff und eine Druckgasflasche für Wasserstoff dürfen nicht nebeneinander aufgestellt werden.

3. Wasserstoff darf nicht über einen Druckminderer aus der Druckgasflasche entnommen werden.

4. An eine Druckgasflasche für Sauerstoff darf kein gefetteter Druckminderer angeschlossen werden.

5. Druckgasflaschen für unbrennbare Gase haben immer einen grauen Anstrich.

0171

In einen Reaktionsbehälter soll eine Flüssigkeit eingespeist werden. Beim Zulauf steigt der Druck im Behälter infolge der Reaktion an. Welche Pumpe darf *nicht* zur Förderung verwendet werden, wenn die Fördermenge konstant bleiben soll?

1. Kreiskolbenpumpe

2. Kreiselpumpe

3. Scheibenkolbenpumpe

4. Zahnradpumpe

5. Membrankolbenpumpe

0172

Welches Meßgerät zeigt die Skizze?

1. Plattenfedermanometer

2. Balgfedermanometer

3. Kapselfedermanometer

4. Rohrfedermanometer

5. Dosenbarometer

0173

Bei der Volumenmessung mit einer Pipette sind aus Gründen der Meßgenauigkeit bestimmte Bedingungen einzuhalten. Welche der genannten Bedingungen hat dabei *keine* Bedeutung?

1.   Die Pipette muß fettfrei sein. ✓

2.   Die abzumessende Flüssigkeit muß die vorgeschriebene Temperatur haben. ✓

3.   Vor der Messung muß der Luftdruck überprüft werden.

4.   Nach dem Auslaufen der Flüssigkeit muß eine Nachlaufzeit eingehalten werden. ✓

5.   Die Pipette muß beim Einstellen des Meniskus auf die Marke senkrecht gehalten werden. ✓

0174

Für eine quantitative Analyse soll eine Lösung mit der Massenkonzentration β(Stoff) = 100 mg/mL hergestellt werden. Welches der genannten Meßgefäße ist dazu am besten geeignet?

1.   Meßkolben

2.   Erlenmeyerkolben

3.   Becherglas

4.   Meßzylinder

5.   Vollpipette

0175

Welcher Meßkolben ist richtig aufgefüllt?

1.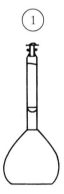
2.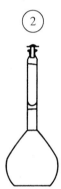
3.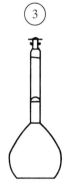
4.
5.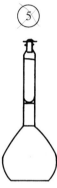

0176

Welche Aussage über den Umgang mit Vollpipetten ist *falsch*?

1.   Nach dem Auslaufen muß eine Wartezeit eingehalten werden.

2.   Die genaue Volumenangabe gilt nur für Wasser und verdünnte wäßrige Lösungen bei einer Temperatur von 20 °C.

3.   Die Pipette muß senkrecht gehalten werden und mit der Spitze die Gefäßwand berühren.

4.   Nach Ablauf der Wartezeit müssen alle Pipetten ausgeblasen werden.

5.   Pipetten mit beschädigter Spitze sind unbrauchbar, sie können nicht ohne weiteres repariert werden.

0177

Welche Aussage über das Pipettieren mit der Vollpipette ist *falsch*?

1.   Die Vollpipette ist auf Einlauf geeicht.

2.   Die abzufüllende Lösung muß 20 °C haben.

3.   Die Vollpipette muß fettfrei sein.

4.   Beim Einstellen der Füllhöhe ist in Augenhöhe abzulesen.

5.   Die Vollpipette darf weder ausgeblasen noch ausgeschüttelt werden.

0178

Welche Volumenmeßgeräte sind immer auf Einlauf justiert?   *Einguß*

1. Meßzylinder
2. Meßkolben
3. Meßpipetten -
4. Vollpipetten -
5. Büretten -

0179

Welches der genannten Volumenmeßgeräte ist am *ungenauesten*?

1. Meßzylinder 100 mL
2. Meßkolben 100 mL
3. Vollpipette 100 mL
4. Pyknometer 50 mL
5. Bürette 50 mL

0180

Warum ist die Ablesung von Büretten ungenau, wenn sich der Flüssigkeitsspiegel *nicht* auf Augenhöhe befindet?

1. Weil die Meßmarke durch Spiegelung doppelt erscheint
2. Weil die Einschnürung des Schellbachstreifens verwischt wird
3. Weil der Schellbachstreifen nicht zu erkennen ist
4. Weil die Flüssigkeitsoberfläche wie eine Linse wirkt
5. Weil Parallaxenfehler auftreten

0181

Wie bzw. wo wird bei undurchsichtigen Flüssigkeiten das aus einer Bürette ausgelaufene Volumen abgelesen?

1. Unter Verwendung einer hinter der Bürette angebrachten Lichtquelle
2. Mit einer Lupe
3. Am unteren Rand des Meniskus
4. Am oberen Rand des Meniskus
5. An der Spitze des Schellbachstreifens

0182

Was bedeutet „Ex" auf einem Volumenmeßgerät?

1. Gefäß ist mit Speziallösung zu spülen. -
2. Eingetragenes Warenzeichen -
3. Gefäß besteht aus alkalibeständigem Glas. -
4. Gefäß ist auf Ausguß justiert.
5. Gefäß darf nur getrocknet benutzt werden. -

0183

Welche Angabe über die Kalibrierung von Laboratoriumsgeräten ist *falsch*?

1. Büretten sind auf Einlauf justiert.
2. Auf Einlauf justierte Geräte tragen die Gravur „In".
3. Auf Auslauf justierte Geräte tragen die Gravur „Ex".
4. Vollpipetten sind auf Auslauf justiert.
5. Die Justiertemperatur ist angegeben.

0184

Mit welchem Meßgerät kann man 50 mL Flüssigkeit am genauesten abmessen?

(1) Schüttelzylinder

(2) Vollpipette

(3) Graduierter Schlifftropftrichter

(4) Meßpipette

(5) Meßzylinder

0185

Es sollen aus einem Vorratsgefäß genau 25,0 mL Flüssigkeit in ein anderes Gefäß überführt werden. Welches Volumenmeßgerät wird benötigt?

(1) Meßpipette

(2) Pyknometer

(3) Meßzylinder

(4) Meßkolben

(5) Vollpipette

0186

Wovon hängt die Genauigkeit eines Volumenmeßgeräts ab?

(1) Von der Auslauföffnung des Meßgeräts

(2) Von der Größe der Begrenzungsfläche an der Meßmarke

(3) Von der Temperatur des zu messenden Stoffs

(4) Von der Dichte des zu messenden Stoffs

(5) Von der Wanddicke des Meßgeräts

0187

An einer Vollpipette ist die Spitze beschädigt. Was ist zu tun?

(1) Pipette ausblasen.

(2) Pipette sachgerecht entsorgen.

(3) Pipettenspitze in der Flamme neu auszuziehen.

(4) Pipette weiter verwenden.

(5) Pipette nach dem Ausfließen mit dem Finger am oberen Ende zuhalten und mit der Hand anwärmen.

0188

Wie sollte ein geeichtes Volumenmeßgerät *nicht* getrocknet werden?

(1) Im Trockenschrank bei 150 °C

(2) An der Luft bei Zimmertemperatur

(3) Durchsaugen eines Luftstroms

(4) Im Vakuumtrockenschrank bei Zimmertemperatur

(5) Im Exsikkator bei Zimmertemperatur

0189

Was versteht man unter dem Begriff Ausschütteln?

(1) Die Trennung eines Feststoffgemischs mit Hilfe eines Schüttelsiebs

(2) Die Trennung eines Flüssigkeitsgemischs aufgrund der unterschiedlichen Dichte der Flüssigkeiten

(3) Die Trennung eines Gasgemischs aufgrund unterschiedlicher Dichte der Gase

(4) Die Trennung eines Gas-Flüssigkeitsgemischs durch Schütteln, wobei das Gas entweicht

(5) Die Trennung einer Lösung durch Zugabe eines Lösemittels, das sich nicht mit dem ersten Lösemittel mischt und in dem sich die gelöste Substanz besser löst

0190

Welches der genannten Lösemittel ist mit Wasser in jedem Verhältnis mischbar?

1. Aceton
2. Ethylethanoat
3. Toluol
4. Pentanol
5. Dichlormethan

0191

Von den folgenden Handhabungen beim Ausschütteln mit dem Scheidetrichter ist eine *falsch*. Welche ist es?

1. Scheidetrichter mit beiden Händen anfassen, und dabei den Stopfen und das Küken des Hahns festhalten
2. Scheidetrichter nie vollständig mit Flüssigkeit füllen
3. Nach dem Schütteln abwarten bis sich beide Schichten getrennt haben, dann erst untere Schicht abfließen lassen
4. Flüssigkeitsschicht, aus der die Substanz gelöst wurde, nach dem Ausschütteln sofort weggießen
5. Nach dem jeweiligen Schütteln Trichter umkehren und durch den Ablaßhahn entlüften

0192

Warum wird beim Ausschütteln mit dem Scheidetrichter von Zeit zu Zeit der Hahn geöffnet?

1. Um die Trennung in zwei Flüssigkeitsschichten zu beschleunigen
2. Um die Trennung in zwei Flüssigkeitsschichten zu ermöglichen
3. Um einen Druckausgleich zu bewirken
4. Um die Bildung explosiver Gemische über der Flüssigkeit zu verhindern
5. Um die Konzentration im Dampfraum unterhalb der Zündgrenzen zu halten

0193

Welches Flüssigkeitsgemisch kann man mit Hilfe eines Scheidetrichters trennen?

1. Toluol/Wasser
2. Wasser/Methanol
3. Aceton/Wasser
4. Methanol/Ethanol
5. Toluol/Aceton

0194

Welches der genannten Lösemittel ist mit Wasser unbeschränkt mischbar?

1. Methylbenzol
2. Ethylethanoat
3. Propanon
4. Dimethylbenzol
5. Dichlormethan

0195

In welcher Auswahlantwort sind zwei Flüssigkeiten angegeben, die *keine* homogene Mischung ergeben?

1. Wasser und Diethylether
2. Amiobenzol und Salzsäure
3. Aceton und Methanol
4. Wasser und Ethansäureanhydrid
5. Wasser und Ethanol

0196

Welche Aussage über Wärmequellen im Labor ist *falsch*?

1. Heizplatten sind nicht absolut sicher, da sich brennbare Dämpfe an ihnen entzünden können.

2. Teclubrenner verbrennen wie Bunsenbrenner Brenngas und Luft, ihre maximale Verbrennungstemperatur liegt bei etwa 500 °C.

3. Wasserbäder dienen zum Erhitzen von Flüssigkeiten, die nicht mit offener Flamme erwärmt werden dürfen.

4. Ölbäder dienen zur gleichmäßigen Wärmeübertragung überwiegend bei Temperaturen über 90 °C.

5. Muffelöfen erreichen Glühtemperaturen von mehr als 1 000 °C.

0197

Eine Flüssigkeit wird als Wärmeträger verwendet. Welche der genannten Eigenschaften hat für diese Verwendung *keine* Bedeutung?

1. Große spezifische Wärmekapazität

2. Große Schmelzwärme

3. Hoher Flammpunkt

4. Hohe Zündtemperatur

5. Hohe Siedetemperatur

0198

Welche Heizbadfüllung erlaubt die höchste Heiztemperatur?

1. Sand

2. Glycerol

3. Heizbadöl

4. Wasser

5. Paraffinöl

0199

Welcher der genannten Stoffe kann *nicht* als Heizbadmedium verwendet werden?

1. Sand

2. Paraffinöl

3. Siliconöl

4. Wasser

5. Ethanol

0200

Was ist *nicht* geeignet, um einen Siedeverzug zu verhindern?

1. Rühren der Flüssigkeit

2. Verminderung des Drucks

3. Einleiten eines schwachen Gasstroms

4. Benutzung einer Siedekapillare

5. Zugabe von Siedesteinen

0201

Welche Aussage über die Verwendung von Siedesteinen ist *falsch*?

1. Siedesteine verlieren ihre Wirksamkeit nach dem Abkühlen der Flüssigkeit.

2. Siedesteine verhindern einen Siedeverzug.

3. Siedesteine werden bei Siedetemperatur zugegeben.

4. Siedesteine dürfen nicht in heiße Flüssigkeiten gegeben werden.

5. Siedesteine werden vor dem Anfahren der Destillationsapparatur zugegeben.

0202

Welche Vorgehensweise verhindert beim Verdampfen einer Flüssigkeit einen Siedeverzug?

1. Erwärmen des Stoffs bis dicht unter die Siedetemperatur

2. Vorsichtiges Erwärmen des Stoffs, ohne zu Rühren

3. Erwärmen von kleinen Stoffportionen

4. Vorheriges Zugeben von Siedesteinen

5. Schnelles Hochheizen des Stoffs

0203

Welche Wärmequelle vermeidet eine örtliche Überhitzung des Reaktionsgefäßes am besten?

1. Direktes Erhitzen mit Gasbrenner

2. Gasbrenner mit Drahtnetz

3. Gasbrenner mit Glaskeramikplatte

4. Beheiztes Ölbad

5. Elektrische Heizplatte

0204

Wie kann die Siedetemperatur einer Flüssigkeit erhöht werden?

1. Durch Erhöhen des Drucks im Gasraum über der Flüssigkeit

2. Durch schnelles Heizen

3. Durch intensives Rühren mit einem Magnetrührer

4. Durch weitere Wärmezufuhr nach Erreichen der Siedetemperatur

5. Durch Verwenden von Siedesteinen

0205

Eine organische Flüssigkeit soll bei einer Temperatur von 148 °C und einem Druck von 3 mbar rektifiziert werden. Welche der genannten Heizquellen wird dazu üblicherweise verwendet?

1. Luftbad

2. Ölbad

3. Sandbad

4. Wasserbad

5. Metallbad

0206

Welche Aussage über Kühler ist *falsch*?

1. Ein Dimrothkühler hat eine Schlange, die von Kühlflüssigkeit durchströmt wird.

2. Ein Schlangenkühler hat eine Schlange, die von Kühlflüssigkeit durchströmt wird.

3. Ein Liebigkühler hat einen Mantel, der von Kühlflüssigkeit durchströmt wird.

4. Ein Kugelkühler hat einen Mantel, der von Kühlflüssigkeit durchströmt wird.

5. Ein Intensivkühler hat einen Mantel und eine Schlange, welche beide von Kühlflüssigkeit durchströmt werden.

0207

Wovon ist die Wahl eines Kühlers abhängig?

1. Von seinem Material

2. Von der Kühlwassertemperatur

3. Von der Heizquelle, die für eine Destillation verwendet wird

4. Von seiner Kühlfläche

5. Von der Masse der zu kondensierenden Dämpfe

0208

Ein Glaskolben, gefüllt mit Wasser von 100 °C, steht bei
Zimmertemperatur auf dem Labortisch und kühlt ab.
Welches Diagramm gibt den Vorgang der Abkühlung
richtig wieder?

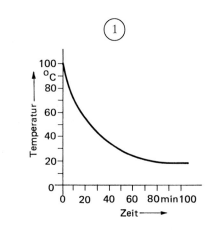

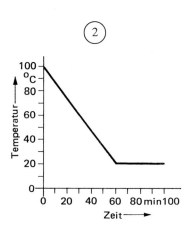

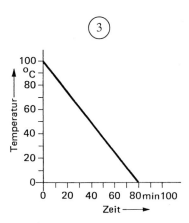

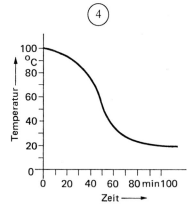

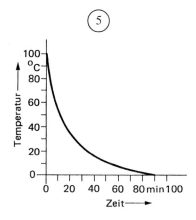

0209

Eine Flüssigkeit mit einem Siedepunkt von 36 °C soll
am Rückfluß gekocht werden. Als Kühlflüssigkeit soll
Leitungswasser von 15 °C verwendet werden. Welcher
der dargestellten Kühler ist zu verwenden?

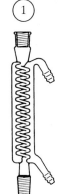

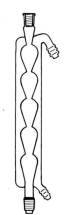

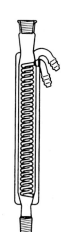

0210

Welches Bild zeigt einen Schlangenkühler?

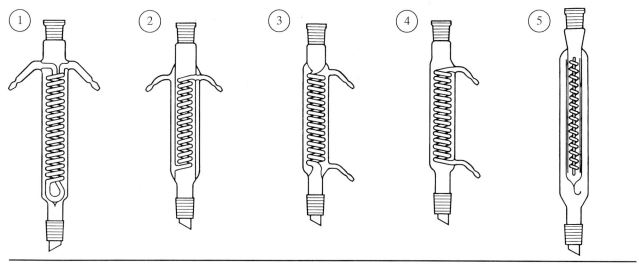

0211

Welches Bild zeigt einen Intensivkühler?

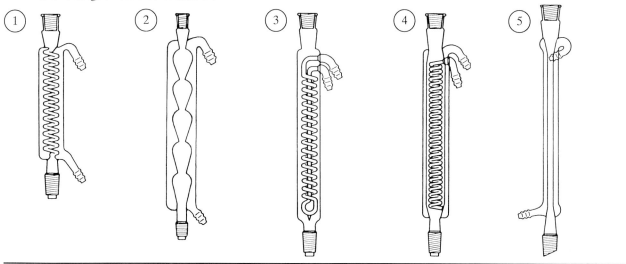

0212

Welches Bild zeigt einen Kühler, der *nicht* als Rückfluß-kühler verwendet werden darf?

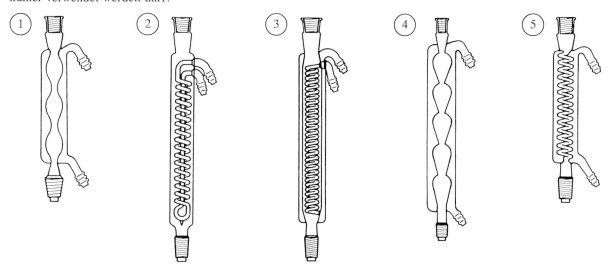

0213

In welcher Zeile der Tabelle sind die Temperaturen richtig angegeben?

	Temp. in °C				
	A	B	C	D	E
1	15	40	80	50	20
2	15	40	20	50	80
3	40	15	20	50	80
4	30	15	20	50	80
5	40	15	80	50	20

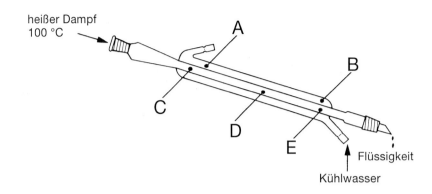

0214

Welcher Kühler hat – bei gleicher Kühlerlänge – die größte nutzbare Kühlfläche?

1. Liebigkühler
2. Schlangenkühler
3. Dimrothkühler
4. Intensivkühler
5. Kugelkühler

0215

Welches Kühlmittel wird zum Kondensieren von 200 °C heißen Dämpfen in Glaskühlern verwendet?

1. Kühlsole
2. Dampf von 120 °C
3. Luft
4. Wasser
5. Kältemischung

0216

Wovon ist die Kühlleistung des Kühlers in einer Destillationsapparatur *nicht* abhängig?

1. Von der Kühlfläche des Kühlers
2. Von der Temperatur der Kühlflüssigkeit
3. Von der Länge des Kühlers
4. Von der Durchlaufgeschwindigkeit der Kühlflüssigkeit
5. Von der Destillationsgeschwindigkeit

0217

Wozu wird ein Dewar-Gefäß verwendet?

1. Zum Absaugen einer Flüssigkeit, z.B. in ein Becherglas
2. Zum Aufbewahren von Kältemischungen
3. Zum Aufbewahren von stark rauchenden Flüssigkeiten
4. Zum Transportieren von brennbaren Flüssigkeiten
5. Zum Entmischen von Emulsionen

0218

Welche Mischung ist *keine* Kältemischung?

① Eis und Natriumchlorid

② Wasser und konz. Schwefelsäure

③ Wasser, Ammoniumchlorid und Natriumnitrat

④ Wasser und Ammoniumnitrat

⑤ Eis und kristallisiertes Calciumchlorid

0219

Welches Kühlmittel darf zur Kühlung organischer Flüssigkeiten beim präparativen Arbeiten *nicht* verwendet werden?

① Flüssiger Stickstoff

② Kühlsole

③ Trockeneis/Ethanol

④ Flüssige Luft

⑤ Kältemischung aus Eis und Salz

0220

Eine Kühlfalle soll bei ca. – 80 °C konstant gekühlt werden. Welches Kältemittel wird hierfür verwendet?

① Flüssiger Stickstoff

② Eis-Natriumchlorid-Mischung

③ Trockeneis-Aceton-Mischung

④ Kühlsole

⑤ Eis-Ammoniumchlorid-Mischung

0221

Bei welcher Temperatur erhält man unter Normbedingungen Trockeneis?

① Bei –50,0 °C

② Bei –75,0 °C

③ Bei –78,5 °C

④ Bei –183 °C

⑤ Bei –196 °C

0222

Welche Temperatur kann durch Zugabe von Trockeneis (CO_2) zu Aceton noch erreicht werden?

① – 50 °C

② – 75 °C

③ –120 °C

④ –130 °C

⑤ –150 °C

0223

Mit welchem der genannten Kühlmedien erreicht man die tiefste Temperatur?

① Aceton mit Trockeneis

② Flüssiger Stickstoff

③ Ethanol mit Trockeneis

④ Eis mit Wasser

⑤ Eis mit Kochsalz

0224

Welches der genannten Lösemittel darf *nicht* mit Natrium getrocknet werden?

1. Toluol
2. Diethylether
3. Trichlormethan
4. Xylol
5. Dimethylbenzol

0225

Welches der genannten Lösemittel darf *nicht* mit Natrium in Berührung kommen?

1. Toluol
2. Dimethylbenzol
3. Diethylether
4. Ethanol
5. Trichlormethan

0226

Welches organische Lösemittel darf mit Natrium getrocknet werden?

1. Diethylether
2. Dichlormethan
3. Trichlormethan
4. Methanol
5. Propan-2-ol

0227

Mit welchem Trocknungsmittel kann Ethanol absolutiert werden?

1. Na_2SO_4
2. KOH
3. $CaCl_2$
4. CaO
5. P_2O_5

0228

Welches ist das wirkungsvollste Trockenmittel, um wasserfreien Ether herzustellen?

1. Calciumchlorid
2. Natriumsulfat
3. Konz. Schwefelsäure
4. Molekularsieb
5. Magnesiumsulfat

0229

Bei längerem Stehen bilden sich im Diethylether Etherperoxide. Was kann man tun, um die Gefahr von Explosionen beim Arbeiten mit Ether zu beseitigen?

1. Ether nur im Vakuum destillieren.
2. Ether vor Gebrauch mit Wasser ausschütten.
3. Ether nur getrocknet destillieren.
4. Ether mit konzentrierter Eisen(II)-sulfat-Lösung ausschütten.
5. Ether mit saurer Iod-Lösung behandeln.

0230

Im Labor wird eine kleine Portion Kohlenstoffmonoxid benötigt. Wie kann sie hergestellt werden?

1. Durch Reduktion von CO_2
2. Aus Erdgas
3. Aus Methansäure und konz. Schwefelsäure
4. Aus Natriumcarbonat
5. Durch Verbrennen von Kohle unter vermindertem Luftzutritt

0231

Im Labor wird eine kleine Portion Kohlenstoffdioxid benötigt. Aus welchen Stoffen kann sie hergestellt werden?

1. Ammoniumoxalat und verd. Schwefelsäure
2. Calciumcarbonat und Salzsäure
3. Calciumoxid und Schwefelsäure
4. Natriumhydrogencarbonat und Natronlauge
5. Calciummethanoat und konz. Schwefelsäure

0232

Im Labor wird eine kleine Portion Ammoniak benötigt. Aus welchen Stoffen kann sie hergestellt werden?

1. Aus Stickstoff und Wasserstoff
2. Aus Calciumcyanamid und gebranntem Kalk
3. Aus Ammoniumchlorid und Natronlauge
4. Aus Ammoniumsulfat und Salzsäure
5. Aus Salpetersäure und Devardascher Legierung

0233

Im Labor wird eine kleine Portion Stickstoff benötigt. Aus welchen Stoffen kann sie hergestellt werden?

1. Durch Destillation von flüssiger Luft
2. Durch Erhitzen einer wäßrigen Lösung aus Ammoniumchlorid und Natriumnitrit
3. Durch Durchleiten von Luft durch eine alkalische Pyrogallol-Lösung
4. Durch Erhitzen von Kaliumnitrat
5. Durch Reaktion von Magnesiumnitrid und Wasser

0234

Wovon hängt die Löslichkeit eines Gases in einer Flüssigkeit ab?

1. Von der Einleitungsgeschwindigkeit
2. Vom Volumen des Gases
3. Vom Volumen der Flüssigkeit
4. Von der Oberfläche der Flüssigkeit
5. Von der Temperatur der Flüssigkeit

0235

Unter welchen Bedingungen lassen sich Gase in Flüssigkeiten gut lösen?

1. Niedrige Temperatur und hoher Druck
2. Leichtes Erwärmen und niedriger Druck
3. Hohe Temperatur und hoher Druck
4. Niedrige Temperatur und im Vakuum
5. Hohe Temperatur und im Vakuum

Kopieren und jede Form der Vervielfältigung oder Reproduktion nicht gestattet.

43

0236

Welche Aussage über die Löslichkeit von Gasen in Flüssigkeiten ist richtig?

1. Gelöste Gase können durch Abkühlen der Lösung auf 0 °C vollständig aus dem Lösemittel entfernt werden.

2. Die Löslichkeit von Gasen in Flüssigkeiten nimmt mit steigender Temperatur ab.

3. Die Löslichkeit von Gasen in Flüssigkeiten nimmt mit steigender Temperatur zu.

4. Die Gaskonzentration in einer Lösung ist vom Partialdruck des Gases in der über der Lösung stehenden Luft nicht abhängig.

5. Gase lösen sich grundsätzlich um so besser in einer Lösung, je mehr Salz bereits darin gelöst ist.

0237

Wodurch wird die Löslichkeit eines Gases in einer Flüssigkeit verkleinert?

1. Durch Vergrößern des Drucks

2. Durch Vergrößern der Kontaktfläche

3. Durch Erhöhen der Temperatur

4. Durch Vergrößern der Turbulenz

5. Durch Erniedrigen der Temperatur

0238

Das in der skizzierten Zutropf-apparatur entstehende Gas soll getrocknet werden. In welchem Gefäß muß sich die zum Trocknen des Gases geeignete Flüssigkeit befinden?

1. Gefäß A

2. Gefäß B

3. Gefäß C

4. Gefäß D

5. Gefäß E

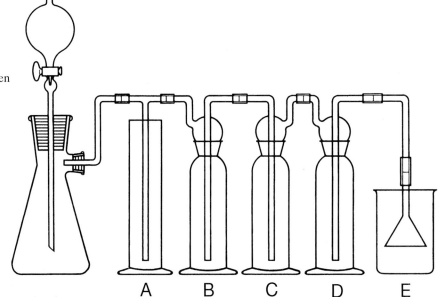

0239

Ein Gas soll mit konzentrierter Schwefelsäure getrocknet werden. Welches Gerät ist am wirkungsvollsten?

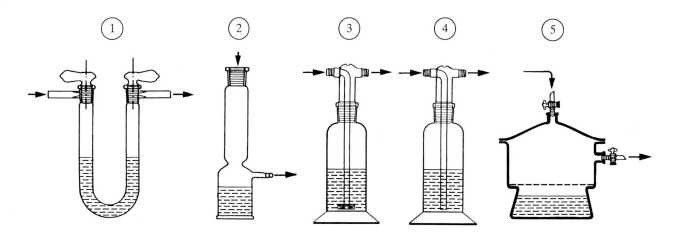

44

Kopieren und jede Form der Vervielfältigung oder Reproduktion nicht gestattet.

0240

Welche Aufgabe hat die Kolonnenfüllung in dem skizzierten Apparat?

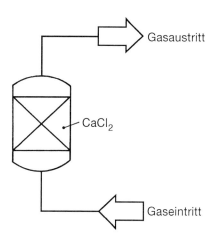

① Entfernung der Feuchte aus dem durchströmenden Gas

② Erhöhung der Feuchte der umgebenden Luft

③ Erhöhung der Feuchte des durchströmenden Gases

④ Trennung der durchströmenden Luft in Stickstoff und Sauerstoff

⑤ Beschleunigung der Reaktion des feuchten mit dem trockenen Gas

---

0241

Welches Gerät wird *nicht* zum Trocknen von Gasen verwendet?

①   ②   ③   ④   ⑤

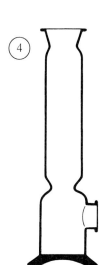

0242

Für welchen Zweck wird das dargestellte Gerät *nicht* benutzt?

① Trocknen von Flüssigkeiten, z.B. mit Calciumchlorid

② Absorption eines Gases aus einem Gasgemisch

③ Abschätzen der Stärke eines Gasstroms, z.B. durch Blasenzählung

④ Sicherheitstauchung, um Gas ab einem bestimmten Überdruck austreten zu lassen

⑤ Auffanggefäß für aus einem anderen Gefäß zurücksteigende Waschflüssigkeit

Kopieren und jede Form der Vervielfältigung oder Reproduktion nicht gestattet.

45

0243

Welche der genannten Verbindungen kann *nicht* als Trockenmittel für Gase verwendet werden?

1. Konzentrierte Schwefelsäure
2. Phosphor(V)-oxid
3. Natriumchlorid
4. Silicagel
5. Wasserfreies Calciumchlorid

0244

Welches der angegebenen Trockenmittel eignet sich *nicht* zum Trocknen von feuchtem CO_2-Gas?

1. Calciumoxid
2. Konzentrierte Schwefelsäure
3. Blaugel
4. Phosphor(V)-oxid
5. Wasserfreies Natriumsulfat

0245

Welches der genannten Gase darf zum Trocknen *nicht* durch konzentrierte Schwefelsäure geleitet werden?

1. Kohlenstoffdioxid
2. Stickstoff
3. Hydrogenchlorid
4. Sauerstoff
5. Hydrogensulfid

0246

Welches Gas darf in einer Gaswaschflasche *nicht* mit konz. Schwefelsäure getrocknet werden?

1. Stickstoff
2. Ammoniak
3. Wasserstoff
4. Sauerstoff
5. Kohlenstoffdioxid

0247

Welcher Vorgang kennzeichnet das Trocknen eines feuchten Gases mittels konzentrierter Schwefelsäure?

1. Kondensation
2. Absorption
3. Neutralisation
4. Filtration
5. Verdunstung

0248

In einer Zutropfapparatur soll ein Gas erzeugt werden. Welche Eigenschaft muß die Sperrflüssigkeit in der Tauchung haben?

1. Niedrige Dichte
2. Gute Löslichkeit für das erzeugte Gas
3. Niedrigen Siedepunkt
4. Große Viskosität
5. Dem erzeugten Gas gegenüber indifferent

0249

Eine Vakuumdestillation soll unter Inertgas durchgeführt werden. Welche Maßnahme ist richtig, wenn *kein* Flaschengas zur Verfügung steht?

1. Einschalten eines mit Aktivkohle gefüllten Trockenröhrchens vor die Kapillare

2. Einschalten einer Gaswaschflasche mit Pyrogallol-Kalilauge vor die Kapillare

3. Einschalten eines mit Natronkalk gefüllten Trockenröhrchens vor die Kapillare

4. Einschalten eines mit Calciumchlorid gefüllten Trockenröhrchens vor die Kapillare

5. Einschalten einer Gaswaschflasche mit Schwefel-säure vor die Kapillare

0250

Für welches Gas kann Wasser als Sperrflüssigkeit verwendet werden?

1. Schwefel(IV)-oxid

2. Wasserstoff

3. Ammoniak

4. Hydrogenchlorid

5. Chlor

0251

Ein Gasgemisch besteht aus CO_2, H_2 und NH_3. Wie kann man daraus nur das NH_3 quantitativ entfernen?

1. Einleiten in Wasser von 50 °C

2. Einleiten in Bariumhydroxid-Lösung

3. Einleiten in verdünnte Natronlauge

4. Einleiten in Kalkwasser

5. Einleiten in verdünnte Schwefelsäure

0252

Welche Substanz eignet sich am besten zur Absorption von Hydrogensulfid?

1. Wasser

2. $CaCl_2$-Lösung

3. Salzsäure

4. NaCl-Lösung

5. Natronlauge

0253

Welche Substanz eignet sich zur Chlorabsorption?

1. Petrolether

2. Kaliumpermanganat-Lösung

3. Natronlauge

4. Ethanol

5. Calciumchlorid-Lösung

0254

Welche Substanz eignet sich als Absorptionsmittel für Kohlenstoffmonoxid?

1. Phosphor

2. Ammoniakalische Kupfer(I)-chlorid-Lösung

3. Kalilauge

4. Alkalische Pyrogallol-Lösung

5. Oleum

Kopieren und jede Form der Vervielfältigung oder Reproduktion nicht gestattet.

47

0255

Welche Substanz wird in der Gasanalyse zur Absorption von Kohlenstoffdioxid eingesetzt?

(1) Ammoniakalische Kupfer(I)-chlorid-Lösung

(2) Alkalische Pyrogallol-Lösung

(3) Kalilauge

(4) Konz. Schwefelsäure

(5) Oleum

0256

Welche Kombination ist *falsch*?

	zu absorbierendes Gas	Absorptionsmittel
(1)	Kohlenstoffdioxid	Bariumhydroxid-Lösung
(2)	Ammoniak	Natronlauge
(3)	Chlorgas	Kalilauge
(4)	Hydrogenchlorid	Calciumhydroxid-Lösung
(5)	Hydrogensulfid	Kalilauge

0257

Welchem der genannten Gase ist eine *falsche* Flüssigkeit für eine Tauchung zugeordnet?

	Gas	Flüssigkeit für eine Tauchung
(1)	Chlor	Wasser
(2)	Ammoniak	Paraffinöl
(3)	Kohlenstoffdioxid	Natriumchloridlösung, gesättigt
(4)	Sauerstoff	Wasser
(5)	Hydrogensulfid	Natriumchloridlösung, gesättigt

0258

Welches Gas kann auch bei Anwendung höchster Drücke bei Raumtemperatur *nicht* verflüssigt werden?

(1) Ammoniak

(2) Stickstoff

(3) Kohlenstoffdioxid

(4) Hydrogenchlorid

(5) Schwefel(IV)-oxid

0259

Welches Gas befindet sich in einer gefüllten Gasstahlflasche bei 20 °C *nicht* im flüssigen Zustand?

(1) Wasserstoff

(2) Hydrogenchlorid

(3) Kohlenstoffdioxid

(4) Schwefel(IV)-oxid

(5) Ammoniak

0260

Welches Gas befindet sich in einer frisch gefüllten Gasstahlflasche bei 20 °C *nicht* nur im gasförmigen Zustand?

(1) Helium

(2) Wasserstoff

(3) Stickstoff

(4) Chlor

(5) Sauerstoff

0261

Aus einer Druckgasflasche soll HCl-Gas in eine Flüssigkeit eingeleitet werden. Worauf ist dabei besonders zu achten?

1. Die Temperatur der Druckgasflasche muß über 10 °C liegen.

2. Das Gas ist vor dem Einleiten mittels Calciumchlorid zu trocknen.

3. Die verwendeten Laborgeräte und Ventile dürfen nicht gefettet bzw. geölt werden.

4. Die Flüssigkeit, in die das Gas eingeleitet werden soll, muß gekühlt werden.

5. Zwischen der Druckgasflasche und der Flüssigkeit muß eine Rückschlagsicherung geschaltet werden.

0262

Für Gasstahlflaschen sind bestimmte kennzeichnende Farben vorgeschrieben. Welche Zuordnung ist *falsch*?

1. Kohlenstoffdioxid-Gasstahlflasche/Grau

2. Chlor-Gasstahlflasche/Grau

3. Ethin-Gasstahlflasche/Rot

4. Sauerstoff-Gasstahlflasche/Blau

5. Stickstoff-Gasstahlflasche/Grün

0263

Welche Kennfarbe hat eine Wasserstoff-Druckgasflasche?

1. Grau

2. Blau

3. Gelb

4. Grün

5. Rot

0264

Bei welchem der genannten Gase hat das an die Druckgasflasche anzuschließende Druckminderventil ein Linksgewinde?

1. Stickstoff

2. Wasserstoff

3. Kohlenstoffdioxid

4. Sauerstoff

5. Helium

0265

Eine Druckgasflasche hat am Anschlußstutzen für das Druckminderventil ein Rechtsgewinde. Welches der angeführten Gase kann in der Flasche enthalten sein?

1. Ethin

2. Stickstoff

3. Wasserstoff

4. Kohlenstoffmonoxid

5. Methan

0266

Für welche der genannten Tätigkeiten beim Umgang mit Gasen gibt es *keine* Sicherheitsbestimmungen?

1. Transportieren von Druckgasflaschen

2. Entnahme von Gasen aus Druckgasflaschen über Reduzierventile

3. Abstellen von Druckgasflaschen in der Nähe von Wärmequellen

4. Befestigen von Druckgasflaschen in Laboratorien

5. Aufbewahren von Gasen in Druckgasflaschen

0267

Während einer stark exothermen Reaktion wird in ein homogenes Reaktionsgemisch aus einer Druckgasflasche ein lebhafter Gasstrom eingeleitet. Welcher Teil der Apparatur ist *nicht* erforderlich?

(1) Thermometer

(2) Gaseingang (mit Blasenzähler)

(3) Rührer

(4) Bad mit Kühlflüssigkeit

(5) Gasabgang (mit Blasenzähler)

0268

Welche Methode wird in der Regel verwendet, um einen sehr niedrig siedenden Stoff zu destillieren?

(1) Fraktionierte Destillation

(2) Destillation bei Überdruck

(3) Destillation bei Normdruck

(4) Destillation bei Unterdruck

(5) Wasserdampfdestillation

0269

Die Skizze zeigt den Springbrunnen-Versuch. Welches Gas zeigt das für diesen Versuch charakteristische Verhalten?

(1) Ammoniak

(2) Chlor

(3) Wasserstoff

(4) Hydrogensulfid

(5) Ethin

0270

Was ist ein Autoklav?

(1) Ein verschließbarer Behälter, in dem Stoffe unter erhöhtem Druck erhitzt werden können

(2) Ein Thermosbehälter zur Lagerung von Rohstoffen bei Temperaturen unter 0 °C

(3) Ein Gerät zur Ionisierung der Atmosphäre in Produktionsstätten zur Herabsetzung der elektrostatischen Aufladung

(4) Ein offenes Schmelzgefäß für Harze und Wachse

(5) Ein Gerät zur Feuchtigkeitsregulierung in Rohstofflagern

0271

Welche Aussage über Wasserstrahlpumpen ist *falsch*?

(1) Wasserstrahlpumpen erreichen bei der üblichen Wassertemperatur einen Druck von <50 mbar.

(2) Wasserstrahlpumpen arbeiten erst bei Wasserdrücken oberhalb 5 bar.

(3) Wasserstrahlpumpen werden aus Glas, Metall oder Kunststoff gefertigt.

(4) Bei Wasserstrahlpumpen kann man den gewünschten Druck (>20 mbar) über dosiertes Einlassen von Nebenluft einstellen.

(5) Wasserstrahlpumpen finden Verwendung zur Vakuumdestillation, zur Saugfiltration, zum Evakuieren von Exsikkatoren.

0272

Wovon ist das mit einer Wasserstrahlpumpe erreichbare Endvakuum im wesentlichen abhängig?

(1) Vom inneren Durchmesser des Vakuumschlauches

(2) Vom äußeren Luftdruck

(3) Von der Wassertemperatur

(4) Von der Größe des zu evakuierenden Gefäßes

(5) Von der Temperatur in dem zu evakuierenden Gefäß

0273

Welches Gerät dient der Erzeugung von Vakuum?

    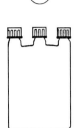 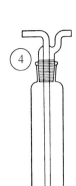 

① ② ③ ④ ⑤

0274

Mit welcher Pumpe erreicht man das beste Vakuum?

① Wasserstrahlpumpe

② Wasserdampfstrahlpumpe

③ Rotierende Öl-Schieberpumpe

④ Quecksilberdiffusionspumpe

⑤ Membranpumpe

0275

Welche der Aussagen über Ventile ist *falsch*?

① Ein Feinregulierventil verwendet man, wenn Gase unter ganz schwachem Überdruck eingeleitet werden sollen.

② Beim Druckminderventil muß die Stellschraube hineingedreht werden, damit sich der Druck erhöht.

③ Ein Feinregulierventil enthält eine kegelförmige zugespitzte Nadel.

④ Ein Feinregulierventil läßt sich nicht direkt auf eine Gasstahlflasche aufschrauben.

⑤ Ein Druckminderventil enthält eine Membran.

0276

Im nebenstehenden Bild ist ein mit Quecksilber gefülltes offenes U-Rohr-Manometer dargestellt. Es herrscht ein Luftdruck von 1 013 mbar. Wie verändert sich der Quecksilber-Spiegel im linken Schenkel, wenn der linke Schenkel mit einem Reaktionsraum verbunden wird, in dem ein Gesamtdruck von 2 026 mbar herrscht?
760 mm Quecksilbersäule ≙ 1 013 mbar

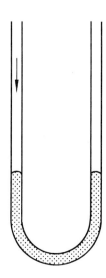

① Er fällt um 760 mm.

② Er fällt um 380 mm.

③ Er bleibt gleich, weil rechts der alte Luftdruck wirkt.

④ Er steigt um 760 mm.

⑤ Er steigt um 380 mm.

0277

Nebenstehend ist ein Druckminderventil abgebildet. In welcher Zeile ist die Bedeutung der Bedienungselemente des Druckminderventils richtig angegeben?

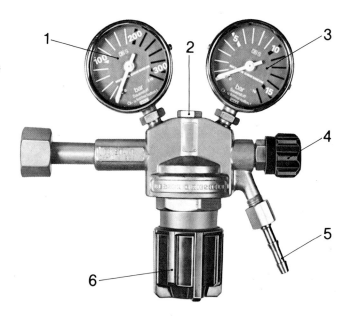

(1) 1 Arbeitsmanometer; 3 Flaschenmanometer; 2 Sicherheitsventil.

(2) 1 Flaschenmanometer; 3 Arbeitsmanometer; 5 Absperrventil.

(3) 1 Flaschenmanometer; 4 Stellschraube; 5 Schlauchanschluß.

(4) 1 Flaschenmanometer; 3 Arbeitsmanometer; 4 Absperrventil.

(5) 2 Sicherheitsventil; 4 Arbeitsmanometer; 6 Absperrventil.

0278

Das Bild zeigt das Prinzip eines Meßgeräts. Um welches Meßgerät handelt es sich?

(1) Rohrfedermanometer

(2) Dosenbarometer

(3) Bimetallthermometer

(4) Druckminderventil

(5) Plattenfedermanometer

0279

Welche Aussage über die Probenahme ist richtig?

(1) Allgemein gilt, daß die Probemenge umso kleiner sein muß, je mehr Substanz vorliegt, je ungleichmäßiger deren Bestandteile verteilt sind und je gröber diese sind.

(2) Eine Probe muß so entnommen werden, daß ihre Zusammensetzung der durchschnittlichen Zusammensetzung des Gesamtguts entspricht.

(3) Die Menge der abzunehmenden Probe ist unabhängig von der Art und der Menge des zu analysierenden Produkts.

(4) Bei heterogenen Stoffen sind für die Probenahme keine besonderen vorbereitenden Maßnahmen erforderlich.

(5) Da in der Regel nur kleinere Probemengen gezogen werden, müssen keine besonderen Sicherheitsvorkehrungen getroffen werden.

0280

Eine Probe soll zur Weiterverarbeitung vorbereitet werden. Welche der genannten Tätigkeiten gehört hierzu *nicht*?

(1) Synthetisieren

(2) Lösen

(3) Homogenisieren

(4) Zerkleinern

(5) Aliquotieren

0281

Welches der genannten Verfahren ist *kein* mechanisches Trennverfahren?

(1) Trocknen

(2) Sieben

(3) Filtrieren

(4) Zentrifugieren

(5) Dekantieren

0282

Beim Trocknen einer Substanz wurden folgende Werte erhalten.
1. Wägung nach 10 min: 21,345 g
2. Wägung nach 20 min: 20,976 g
3. Wägung nach 30 min: 20,815 g
4. Wägung nach 40 min: 20,815 g
Was ist zu tun?

(1) Mittelwert aus 1. und 2. Wägung errechnen und zur Auswertung nehmen

(2) Wert der 2. Wägung zur Auswertung nehmen

(3) Wert der letzten Wägung zur Auswertung nehmen

(4) Mittelwert aus allen vier Wägungen errechnen und zur Auswertung nehmen

(5) Weiter trocknen

0283

Welche Aussage über den skizzierten Apparat ist richtig?

(1) Wird die Temperatur des Silicagels erhöht, wird der Trocknungsvorgang beschleunigt.

(2) Die mit Wasser gesättigte Silicagelfüllung ist blau gefärbt.

(3) Die mit Wasser gesättigte Silicagelfüllung ist rosa gefärbt und kann durch Abkühlen regeneriert werden.

(4) Die mit Wasser gesättigte Silicagelfüllung ist rosa gefärbt, sie kann durch Erhitzen regeneriert werden.

(5) Es können keine Gase, sondern nur organische Lösemittel getrocknet werden.

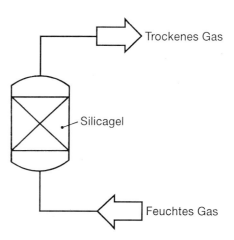

0284

Welche Aussage über Trockenmittel ist *falsch*?

(1) Als Trockenmittel für säurebildende Gase verwendet man z.B. konzentrierte Schwefelsäure, Phosphor(V)-oxid oder Calciumchlorid.

(2) Natronkalk ist nicht nur Trockenmittel, sondern es bindet gleichzeitig Kohlenstoffdioxid.

(3) Calciumchlorid bindet nicht nur Wasser aus Gasen, sondern auch Wasser aus organischen Lösemitteln.

(4) Von allen Trockenmitteln kann nur Silikagel (Blaugel) durch einfaches Erhitzen regeneriert werden.

(5) Als Trockenmittel für basenbildende Gase verwendet man z.B. Calciumoxid, Natronkalk und Kaliumhydroxid.

0285

Welche Verbindung kann als Trockenmittel benutzt werden?

(1) $CuSO_4 \cdot 5\ H_2O$

(2) $CaCl_2$

(3) $CaSO_4 \cdot 2\ H_2O$

(4) $Na_2SO_4 \cdot 10\ H_2O$

(5) $Ca(OH)_2$

0286

Welche Substanz kann als Trockenmittel *nicht* benutzt werden?

1. Phosphor(V)-oxid
2. Silicagel
3. Bariumsulfat
4. Konz. Schwefelsäure
5. Wasserfreies Calciumchlorid

0287

Welcher der genannten Stoffe kann *nicht* als Trockenmittel eingesetzt werden?

1. Natrium
2. Konzentrierte Schwefelsäure
3. Calciumchlorid
4. Phosphor(V)-oxid
5. Natriumchlorid

0288

Welches der genannten Trockenmittel hat im Exsikkator die beste Trockenwirkung?

1. Calciumchlorid
2. Calciumoxid
3. Phosphor(V)-oxid
4. Natriumhydroxid
5. Silicagel

0289

Welcher Stoff darf *nicht* als Trockenmittel in einem Exsikkator verwendet werden?

1. Konzentrierte Schwefelsäure
2. Natrium
3. Phosphor(V)-oxid
4. Silicagel
5. Wasserfreies Calciumchlorid

0290

Bei welchen der genannten Bedingungen wird in kurzer Zeit ein hoher Trocknungsgrad erreicht?

1. Hohe Temperatur, große Oberfläche des Trockenguts
2. Niedere Temperatur, große Oberfläche des Trockenguts
3. Hohe Temperatur, große Luftfeuchte
4. Niedere Temperatur, kleiner Luftdruck
5. Große Luftfeuchte, starke Bewegung des Trockenguts

0291

Welches Verfahren für die Trocknung von feuchten Feststoffen hat den besten Wirkungsgrad?

1. Ruhendes Trockengut in ruhender Heißluft
2. Ruhendes Trockengut in strömender Heißluft
3. Bewegtes Trockengut in ruhender Heißluft
4. Bewegtes Trockengut in strömender Kaltluft
5. Bewegtes Trockengut in strömender Heißluft

0292

Bei welcher Trocknungsart wird die zur Trocknung erforderliche Wärme ausschließlich durch heiße Gase auf das Trockengut übertragen?

- (1) Konvektionstrocknung
- (2) Kontakttrocknung
- (3) Gefriertrocknung
- (4) Strahlungstrocknung
- (5) Vakuumtrocknung

0293

Bei welchem der genannten Vorgänge wird die Feuchtigkeit aus dem Trockengut durch Sublimieren entfernt?

- (1) Verdampfen
- (2) Kondensieren
- (3) Ausfällen
- (4) Kristallisieren
- (5) Gefriertrocknen

0294

Für welche Trocknungsart ist folgende Beschreibung richtig? „Das insgesamt feste Trockengut wird bei niederen Temperaturen und bei stark vermindertem Druck durch Sublimation getrocknet."

- (1) Kontakttrocknung
- (2) Konvektionstrocknung
- (3) Gefriertrocknung
- (4) Vakuumtrocknung
- (5) Strahlungstrocknung

0295

Mit welchem Verfahren können temperaturempfindliche Güter am schonendsten getrocknet werden?

- (1) Wirbelschichttrocknen
- (2) Gefriertrocknen
- (3) Hordentrocknen
- (4) Strahlungstrocknen
- (5) Konvektionstrocknen

0296

Wozu wird die dargestellte Apparatur verwendet?

- (1) Sublimation im Hochvakuum
- (2) Tempern von Materialien
- (3) Wassergehalt-Bestimmung in Lösemitteln
- (4) Trocknen bei erhöhter Temperatur mit einem Trockenmittel
- (5) Absaugen von Lösemitteln

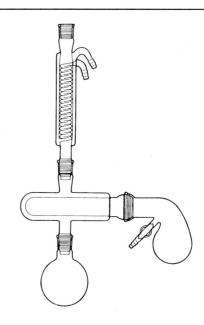

Kopieren und jede Form der Vervielfältigung oder Reproduktion nicht gestattet.

55

0297

In welchem der Geräte kann eine feuchte, feste Substanz am schnellsten getrocknet werden?

- (1) Exsikkator
- (2) Trockenschrank
- (3) Wasserbad
- (4) Vakuumtrockenschrank
- (5) Vakuumexsikkator

0298

Welches der genannten Verfahren ist ein Klassierverfahren?

- (1) Zentrifugieren
- (2) Flotieren
- (3) Filtrieren
- (4) Windsichten
- (5) Rektifizieren

0299

Welche physikalische Eigenschaft der Teilchen wird beim Klassierverfahren zum Trennen eines homogenen Haufwerks ausgenutzt?

- (1) Aggregatzustand
- (2) Dichte
- (3) Teilchengröße
- (4) Löslichkeit
- (5) Magnetisches Verhalten

0300

Welche Aussage über das Zerkleinern von Feststoffen ist richtig?

- (1) Zähe Stoffe werden durch Druck, Prall, Schlag oder Reibung zerkleinert.
- (2) Der Zerkleinerungsgrad kann eine nachfolgende chemische Reaktion des Feststoffs beeinflussen.
- (3) Die Feinzerkleinerung von Feststoffen erfolgt in Brechern.
- (4) Die Größe der Feststoffoberfläche wird durch eine Zerkleinerung nicht beeinflußt.
- (5) Harte und spröde Stoffe werden durch Schneiden und Scheren zerkleinert.

0301

Bei welchem der genannten Verfahren werden Feststoffgemenge in Bestandteile gleicher chemischer und physikalischer Eigenschaften aufgeteilt?

- (1) Absorbieren
- (2) Adsorbieren
- (3) Klassieren
- (4) Sortieren
- (5) Sieben

0302

Bei welchem der genannten Verfahren wird als Trennungsprinzip die Wirkung der Schwerkraft ausgenutzt?

- (1) Sedimentation
- (2) Adsorption
- (3) Extraktion
- (4) Absorption
- (5) Destillation

0303

Welchem Trennverfahren ist das richtige Trennprinzip zugeordnet?

(1)   Klassierung: Trennung nach der Zusammensetzung

(2)   Sortierung: Trennung nach der Korngröße

(3)   Dekantierung: Trennung nach Siedebereichen

(4)   Sedimentation: Absetzen eines Feststoffs durch Einwirkung der Schwerkraft

(5)   Extraktion: Aufnahme eines Gases in einer Flüssigkeit

0304

Welches der genannten Verfahren gehört *nicht* zu den Mischverfahren?

(1)   Lösen

(2)   Emulgieren

(3)   Homogenisieren

(4)   Suspendieren

(5)   Sedimentieren

0305

Wodurch wird beim Mischen von Feststoffen die gleichmäßige Verteilung der Anteile begünstigt?

(1)   Durch eine große Drehzahl des Mischbehälters

(2)   Durch eine kleine, gleichmäßige Teilchengröße der zu mischenden Feststoffe

(3)   Durch einen großen Feuchtigkeitsgehalt der zu mischenden Feststoffe

(4)   Durch große Unterschiede in der Korngröße der zu mischenden Feststoffe

(5)   Durch einen hohen Füllungsgrad des Mischers

0306

Ein Verfahren zum Mischen von Stoffen wird wie folgt beschrieben: Einbauten in einem Rohr bewirken die Aufteilung des Volumenstroms in Teilströme mit großer Strömungsgeschwindigkeit und deren Umlenkung so, daß das Mischen erfolgt, wenn die Teilströme wieder zusammengeführt werden. Für welche Stoffe eignet sich dieses Mischverfahren?

(1)   Für Feststoffe mit kleinen Flüssigkeitsportionen

(2)   Für Feststoffe mit kleiner Viskosität

(3)   Für Flüssigkeiten mit kleiner Viskosität

(4)   Für Feststoffe mit Gasen

(5)   Für kleine Feststoffportionen mit Flüssigkeiten, die eine große Viskosität haben

0307

Welches Verfahren benutzt man zur Trennung von Feststoffen verschiedener Korngrößen?

(1)   Sieben

(2)   Sublimation

(3)   Extraktion

(4)   Umkristallisation

(5)   Destillation

0308

Wozu dient das Sieben?

(1)   Zur Trennung von Feststoffen nach der Teilchengröße

(2)   Zur Trennung von Feststoffen gleicher Teilchengröße

(3)   Zur feineren Verteilung eines zerkleinerten Feststoffs

(4)   Zum Zurückhalten von Fremdpartikeln in einem Feststoff

(5)   Zum Zurückhalten von Eisenpartikeln in einem Feststoffgemisch

0309

Ein Haufwerk soll in Kornklassen aufgeteilt werden. Welches Verfahren ist dafür geeignet?

1. Destillieren
2. Sieben
3. Dekantieren
4. Sortieren
5. Extrahieren

0310

Welche Aussage über die Siebanalyse mit dem Siebturm ist *falsch*?

1. Die Prüfsiebe werden vor dem Einbau auf ein einwandfreies Aussehen überprüft.
2. Der Siebsatz muß in der Siebmaschine fest eingespannt werden.
3. Der Einbau der Prüfsiebe erfolgt mit von oben nach unten fallender Maschenweite.
4. Unter dem Prüfsiebsatz wird ein Bodenblech eingebaut.
5. Das Prüfsieb mit der größten Maschenweite wird als unterstes Sieb eingebaut.

0311

Welcher der genannten Arbeitsschritte führt bei einer Siebanalyse zu einem *falschen* Ergebnis?

1. Einwaage der Probesubstanz
2. Einhalten einer mindestens halbstündigen Siebdauer
3. Zugabe von Siebhilfsmittel
4. Aufgabe der Probe auf das oberste Sieb
5. Auswiegen der Siebrückstände

0312

Ein Feststoff wird erwärmt. Was ändert sich *nicht*?

1. Volumen
2. Temperatur
3. Wärmeinhalt
4. Dichte
5. Masse

0313

Wie wird eine Flüssigkeit, in der – für das Auge noch sichtbar – ein fester Stoff verteilt ist, bezeichnet?

1. Suspension
2. Aerosol
3. Echte Lösung
4. Emulsion
5. Kolloidale Lösung

0314

Welches der genannten Zweistoffgemische ist in der Regel eine Suspension?

1. Ethanol/Wasser
2. Toluen/Wasser
3. Ammoniak/Wasser
4. Bariumsulfat/Wasser
5. Kaliumsulfat/Wasser

0315

Die fünf Verbindungen werden in Wasser gelöst. In welchem Fall erwärmt sich die Lösung *nicht* merklich?

1. NaCl
2. $CaCl_2$
3. P_2O_5
4. NaOH
5. H_2SO_4

0316

In welchem Fall liegt eine echte Lösung vor?

1. Wenn Wasser als Lösemittel dient
2. Wenn ein durch die Lösung geschickter Lichtstrahl sichtbar wird
3. Wenn die Teilchengröße des gelösten Stoffs kleiner als 1 nm ist
4. Wenn der im Lösemittel verteilte Stoff für das Auge sichtbar vorliegt
5. Wenn die Lösung trübe ist

0317

Was entsteht, wenn Zucker in Wasser gelöst wird?

1. Eine Suspension
2. Eine echte Lösung
3. Ein Aerosol
4. Ein Kolloid
5. Eine heterogene Lösung

0318

Teilchen der folgenden Stoffe befinden sich in Wasser. In welchem Fall ist *keine* echte Lösung möglich?

1. Silber
2. Calciumsulfat
3. Natriumchlorid
4. Natriumacetat
5. Bariumhydroxid

0319

In welchem Zweistoffsystem sind die Teilchen des aufgenommenen Stoffs am kleinsten?

1. Lösung
2. Emulsion
3. Schaum
4. Kolloid
5. Suspension

0320

Was versteht man bei einer Lösung unter dem Massenanteil?

1. Den Quotienten aus der Masse der Komponente und der Masse des Lösemittels
2. Den Quotienten aus der Masse des Lösemittels und der Masse der Komponente
3. Den Quotienten aus der Masse der Komponente und der Masse der Lösung
4. Den Quotienten aus der Masse des Lösemittels und der Masse der Lösung
5. Den Quotienten aus der Masse der Lösung und der Masse des Lösemittels

0321

Wie wird eine Salzlösung, w (Salz) = 5 %, angesetzt?

1. Indem 5 g Salz in 100 mL Lösemittel gelöst werden.
2. Indem 5 g Salz in 100 g Lösemittel gelöst werden.
3. Indem 5 g Salz in 95 mL Lösemittel gelöst werden.
4. Indem 5 g Salz in 95 g Lösemittel gelöst werden.
5. Indem 5 g Salz in etwa 20 mL Lösemittel gelöst werden und nach erfolgter Auflösung diese Lösung auf 100 mL aufgefüllt wird.

0322

Welche Maßnahme wird *nicht* angewendet, wenn sich ein Feststoff in Wasser schneller auflösen soll?

1. Zerkleinerung des Feststoffs vor dem Lösen
2. Erhitzen des Feststoffs vor dem Lösen
3. Rühren beim Lösen
4. Erhitzen des Lösemittels vor dem Lösen
5. Erhitzen des Lösemittels während des Auflösens

0323

Welche Maßnahme beeinflußt den Lösevorgang von Salzen meistens *ungünstig*?

1. Zerkleinern
2. Kühlen
3. Erwärmen
4. Rühren
5. Portionsweise Zugabe

0324

Bei welchem der genannten Salze hat die Temperatur den geringsten Einfluß auf die Löslichkeit des Salzes in Wasser?

1. $NaNO_3$
2. $NaCl$
3. KCl
4. KNO_3
5. $KClO_3$

0325

Es sind 5 Löslichkeitskurven gezeichnet. Welche Kurve kommt der Löslichkeit von Natriumchlorid in Wasser in Abhängigkeit von der Temperatur am nächsten?

1. Kurve A
2. Kurve B
3. Kurve C
4. Kurve D
5. Kurve E

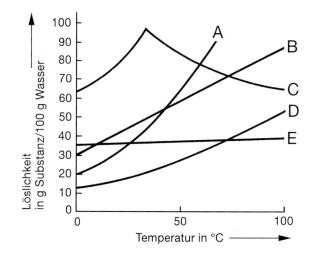

0326

In dem Diagramm ist die Kurve K die Dampfdruckkurve eines flüssigen Lösemittels. In diesem Lösemittel wird nun eine schwerflüchtige Substanz gelöst. Welche Kurve zeigt die Dampfdruckkurve der Lösung?

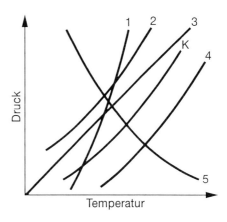

1. Kurve 1

2. Kurve 2

3. Kurve 3

4. Kurve 4

5. Kurve 5

0327

Welche Aussage über eine gesättigte Salzlösung ist richtig?

1. Beim Abkühlen der Lösung kristallisiert trotz Animpfens von dem gelösten Stoff nichts aus.

2. Beim Erwärmen der Lösung kristallisiert der gelöste Stoff zum Teil aus.

3. Bei der gegebenen Temperatur löst sich von dem zu lösenden Stoff nichts mehr.

4. Bei der gegebenen Temperatur löst sich auch kein anderer Stoff mehr.

5. Trotz Erwärmen der Lösung löst sich von dem zu lösenden Stoff nichts mehr.

0328

In welcher Einheit wird die Löslichkeit L* von Stoffen nach Norm angegeben?

1. g/1 000 g Lösung

2. g/100 mL Lösung

3. mol/L Lösung

4. g/L Lösung

5. g/100 g Lösemittel

0329

In welcher Auswahlantwort sind die Lösemittel nach steigender Polarität von links nach rechts geordnet?

1. Pentan, Methanol, Trichlormethan, Wasser

2. Wasser, Methanol, Pentan, Trichlormethan

3. Methanol, Wasser, Pentan, Trichlormethan

4. Trichlormethan, Pentan, Wasser, Methanol

5. Pentan, Trichlormethan, Methanol, Wasser

0330

Welche Aussage über die Lösung eines Salzes in Wasser ist richtig?

1. Die Lösung hat einen höheren Siedepunkt und einen tieferen Gefrierpunkt als das Lösemittel.

2. Die Lösung hat einen tieferen Siedepunkt als das reine Lösemittel.

3. Die Lösung hat einen höheren Gefrierpunkt als das Lösemittel.

4. Durch das Salz verändert sich der Sättigungsdampfdruck des Wassers nicht.

5. Die Lösung hat einen höheren Sättigungsdampfdruck als das reine Wasser.

0331

Der Erfolg von präparativen Arbeiten hängt entscheidend von der Wahl des Trennverfahrens ab. Welches Verfahren zählt *nicht* zu den Trennverfahren?

(1) Filtrieren

(2) Kristallisieren

(3) Polymerisieren

(4) Zentrifugieren

(5) Extrahieren

0332

Welche der genannten Tätigkeiten gehört beim Herstellen anorganischer und organischer Präparate *nicht* zu den vorbereitenden Arbeiten?

(1) Bereitstellen der Chemikalien

(2) Auswiegen der Reaktionsprodukte

(3) Aufbauen der Reaktionsapparatur

(4) Überprüfen der benötigten Glasgeräte

(5) Heraussuchen der R- und S-Sätze

0333

Welcher der genannten Arbeitsschritte gehört bei der Herstellung anorganischer und organischer Präparate *nicht* zur Aufarbeitung der Reaktionsprodukte?

(1) Trocknen des Reaktionsprodukts

(2) Entfernen der Rührvorrichtung

(3) Filtrieren der Suspension

(4) Reinigen der Glasgeräte

(5) Einsetzen der Heizvorrichtung

0334

Welcher der genannten Punkte kann bei der Herstellung anorganischer und organischer Präparate im Protokoll weggelassen werden?

(1) Name des Präparats

(2) Berechnung der Ausbeute

(3) Reinigung der Geräte

(4) Benutzte Geräte und Chemikalien

(5) Umweltprotokoll

0335

Warum sollen Feststoffe vor der Durchführung einer Reaktion immer weitgehend zerkleinert werden?

(1) Damit sie besser benetzbar sind

(2) Damit sie besser dosiert werden können

(3) Damit sie besser in das Reaktionsgefäß eingefüllt werden können

(4) Damit die reagierende Oberfläche möglichst klein wird

(5) Damit die reagierende Oberfläche so groß wie möglich wird

0336

Welches Arbeitsschutzmittel ist bei Arbeiten im Labor **unbedingt** zu verwenden?

(1) Hautschutzsalbe

(2) Handschuhe

(3) Halbmaske

(4) Vollmaske

(5) Schutzbrille

0337

In welcher Auswahlantwort ist der Zweck des Rührens richtig angegeben?

1. Trennen von ineinander unlöslichen Flüssigkeiten durch die Wirkung von Zentrifugalkräften

2. Vermischen von Feststoffen und Gasen

3. Vereinigen von Feststoffen zu homogenen Gemengen

4. Homogenisieren von Gasen

5. Ausgleichen von Konzentrations- und Temperaturunterschieden

0338

Durch welche Maßnahme kann die Geschwindigkeit einer Reaktion zwischen einem Feststoff und einem Gas *nicht* erhöht werden?

1. Zerkleinerung des Feststoffs

2. Große Grenzfläche zwischen Feststoff und Gas

3. Erniedrigung des Gasdruckes

4. Erhöhung der Gaskonzentration

5. Günstige Temperatur

0339

Welche Aussage über die Geschwindigkeit chemischer Reaktionen in Abhängigkeit von der Temperatur ist richtig?

1. Die Geschwindigkeit einer chemischen Reaktion ist unabhängig von der Temperatur.

2. Bei Temperaturerhöhung um 10 Grad erhöht sich die Reaktionsgeschwindigkeit um das Zwei- bis Vierfache.

3. Bei Temperaturerhöhung um 1 Grad erhöht sich die Reaktionsgeschwindigkeit auf das Doppelte.

4. Je höher die Temperatur, um so kleiner die Reaktionsgeschwindigkeit.

5. Je niedriger die Anfangstemperatur ist, um so höher ist die Reaktionsgeschwindigkeit.

0340

Worauf beruht die Reaktionsbeschleunigung durch Katalysatoren?

1. Auf der Herabsetzung der Aktivierungsenergie

2. Auf der Erhöhung des Partialdruckes bei Gasreaktionen

3. Auf Konzentrationsänderungen

4. Auf der Phasentrennung der Reaktionspartner

5. Auf der Herabsetzung der Temperatur der Endprodukte

0341

Was versteht man in der chemischen Technik unter Katalysatorgiften?

1. Stoffe, die vom Katalysator bevorzugt adsorbiert werden und dadurch seine Oberfläche blockieren

2. Katalysatoren, die auf den menschlichen Organismus als Gifte wirken

3. Stoffe, die katalytisch in Richtung Ausgangsstoffe wirken

4. Stoffe, die durch Erniedrigung der Konzentration der Reaktionspartner eine Verlangsamung der Reaktionsgeschwindigkeit bewirken

5. Stoffe, die ihre Giftwirkung nach katalytischer Behandlung nicht verlieren

0342

Was versteht man unter heterogener Katalyse?

1. Wenn Katalysator und Reaktionspartner denselben Aggregatzustand haben

2. Wenn Katalysator und Reaktionspartner unterschiedliche Aggregatzustände haben

3. Wenn es sich um die Synthese einer heteropolaren Verbindung handelt

4. Wenn die Katalyse bei geringer Anfangstemperatur beginnt und bei der Reaktion hohe Temperaturen entstehen

5. Wenn es sich um eine heterocyclische Verbindung handelt

0343

Welches Verfahren dient *nicht* zum Reinigen bzw. Trennen von Stoffen?

① Homogenisieren

② Destillieren

③ Sublimieren

④ Rektifizieren

⑤ Filtrieren

0344

Welches der genannten Verfahren ist *kein* Trennverfahren?

① Extrahieren

② Titrieren

③ Filtrieren

④ Umkristallisieren

⑤ Zentrifugieren

0345

Welchem der genannten Verfahren ist das richtige Trennprinizip zugeordnet?

	Verfahren	Trennprinzip
①	Filtration	Trennung nach Korngröße
②	Rektifizieren	Trennung nach Löslichkeit
③	Dekantieren	Abgießen der Flüssigkeit über einem Sediment
④	Adsorption	Aufnahme von Gasen in einer Flüssigkeit
⑤	Absorption	Anreicherung eines Gases an einem Feststoff

0346

Welche Definition ist *falsch*?

① Das Verdampfen eines festen Stoffs ohne Schmelzen des Stoffs bezeichnet man als Sublimieren.

② Das Abgießen einer über einem Niederschlag stehenden Flüssigkeit bezeichnet man als Dekantieren.

③ Die Beschleunigung des Absetzens eines Niederschlags unter Einwirkung der Fliehkraft bezeichnet man als Zentrifugieren.

④ Das Abtrennen einer Flüssigkeit von einem darin suspendierten festen Stoff bezeichnet man als Filtrieren.

⑤ Das Absetzenlassen eines Niederschlags bezeichnet man als Kristallisieren.

0347

Was versteht man unter Dekantieren?

① Das Ausfällen eines Niederschlags im Becherglas

② Das Absitzenlassen eines Niederschlags im Kolben

③ Das Abgießen und Absaugen eines Niederschlags

④ Das Auswaschen eines Niederschlags im Fällungsgefäß

⑤ Das Abgießen der über einem Niederschlag stehenden Flüssigkeit

0348

In welchem Fall kann dekantiert werden?

① Wenn eine Emulsion vorliegt

② Wenn sich ein Bodensatz gebildet hat

③ Wenn ein Stoff in kolloidaler Lösung vorliegt

④ Wenn ein Stoff leicht löslich ist

⑤ Wenn eine echte Lösung vorliegt

0349

Was versteht man unter Filtration?

(1) Die Reinigung von Stoffen

(2) Die Trennung von Stoffen aufgrund unterschiedlicher Fixpunkte

(3) Die Trennung von Stoffen gleichen Aggregatzustands

(4) Die Trennung fester Teilchen von Flüssigkeiten aufgrund unterschiedlicher Dichte

(5) Die Trennung fester Teilchen von Flüssigkeiten aufgrund der Teilchengröße

0350

Welches Trennverfahren kann man *nicht* zur Trennung homogener Flüssigkeitsmischungen verwenden?

(1) Filtration

(2) Rektifikation

(3) Extraktion

(4) Wasserdampfdestillation

(5) Vakuumdestillation

0351

Welche Aussage über die Filtration ist *falsch*?

(1) Beim scharfen Absaugen eines Nutschkuchens soll dieser angepreßt und sollen Risse verschmiert werden.

(2) Durch Aufschlämmen des Nutschkuchens mit der gesamten Waschflüssigkeitsportion und anschließendes Absaugen derselben läßt sich ein optimaler Wascherfolg erzielen.

(3) Das Waschen des Nutschkuchens hat die Aufgabe, die Konzentration der Mutterlauge im Filterkuchen zu verändern.

(4) Beim Waschen des Nutschkuchens nach der Methode des Aufschlämmens wirkt sich die Aufteilung der Gesamtwaschflüssigkeit in Portionen günstig auf den Wascheffekt aus.

(5) Das Überführen der Feststoffanteile auf das Filter sollte nur mit Mutterlauge erfolgen.

0352

Welche Aussage über die Filtration ist *falsch*?

(1) Der Waschvorgang hat die Aufgabe, die Konzentration der Mutterlauge im Filterkuchen zu verändern.

(2) Beim Waschen soll der beteiligte Feststoff, z.B. die Kristallgröße, unbeeinflußt bleiben.

(3) Beim Waschen nach der Methode des Aufschlämmens wirkt sich die Aufteilung der Gesamtwaschflüssigkeitsmenge in Portionen auf den Wascheffekt aus.

(4) Beim sogenannten scharfen Absaugen eines Nutschkuchens soll dieser angepreßt und sollen Risse verschmiert werden.

(5) Durch Anschlämmen mit der Gesamtwaschflüssigkeitsmenge und anschließendes Durchsickern derselben läßt sich ein optimaler Wascherfolg erzielen.

0353

Welches Verfahren wird zur Trennung von Suspensionen angewendet?

(1) Sortieren

(2) Destillieren

(3) Extrahieren

(4) Umkristallisieren

(5) Filtrieren

0354

Welches Verfahren kann man zur Trennung einer Aufschlämmung einsetzen?

(1) Destillation

(2) Extraktion

(3) Umkristallisation

(4) Filtration

(5) Sublimation

0355

Welche Erläuterung der Begriffe aus der Filtrations-
technik ist *falsch*?

(1) Eine Suspension ist die Aufschlämmung eines
Feststoffs in einer Flüssigkeit.

(2) Das Filtrat ist die aus einer Suspension gewonnene
feststofffreie bzw. feststoffarme Flüssigkeit.

(3) Ein Filtermittel wird einer Suspension zugesetzt,
um die Filtration zu verbessern.

(4) Der Filterkuchen ist die feuchte Feststoffschicht,
die aus einer Suspension gewonnen wird.

(5) Filterhilfsmittel sind feinkörnige oder faserige
Stoffe, wie Kieselgur, Quarzsand, Cellulose oder
Glaswolle.

0356

Welche Aussage über Filter ist richtig?

(1) Die Filtrationsgeschwindigkeit hängt bei Verwendung von Papierfiltern ausschließlich von der Par-
tikelgröße des abzutrennenden Materials ab.

(2) Zum Abtrennen von Niederschlägen mit einem
Analysentrichter werden Faltenfilter verwendet.

(3) Zum Abtrennen durch Glasfilterfritten werden
Blaubandfilter verwendet.

(4) Zum Absaugen mit Hilfe einer Nutsche werden
Rundfilter verwendet.

(5) Filter für präparative Arbeiten verbrennen immer
aschefrei.

0357

Wodurch wird die Filtrationsleistung praktisch *nicht*
beeinflußt?

(1) Durch den Filtrationsdruck

(2) Durch die Eigenschaften des abzutrennenden
Feststoffs

(3) Durch die Anwendung von Filterhilfsmitteln

(4) Durch Dichte und Struktur der Filterschicht

(5) Durch den Unterschied der Dichte von Feststoff
und Flüssigkeit einer Suspension

0358

Bei einer wäßrigen Suspension soll eine Klärfiltration
durchgeführt werden. Welcher der genannten Stoffe kann
nicht als Filterhilfsmittel verwendet werden?

(1) Kochsalz

(2) Cellulose

(3) Kieselgur

(4) Aktivkohle

(5) Sand

0359

Durch welche der genannten Maßnahmen wird die Filtrationsleistung einer Drucknutsche *nicht* erhöht?

(1) Vergrößern der Filterfläche

(2) Verwenden eines Filtermittels mit kleinerer
Porengröße

(3) Vergrößern der Feststoffteilchen in der Suspension

(4) Verringern der Viskosität der Flüssigkeit

(5) Vergrößern der Druckdifferenz

0360

In welchem Fall wird die Filtrationsgeschwindigkeit bei
einer Porzellannutsche *nicht* erhöht?

(1) Über dem Filterkuchen steht eine hohe Flüssigkeitsschicht.

(2) Das Vakuum in der Saugflasche ist besonders gut.

(3) Auf dem Filterpapier befindet sich eine dicke
Schicht des Filterkuchens.

(4) Es wird ein grobporiges Filter verwendet.

(5) Die abzusaugende Flüssigkeit hat eine geringe
Viskosität.

0361

Bei welchem Arbeitsgang wird das skizzierte Laborgerät verwendet?

(1) Absorption

(2) Destillation

(3) Zentrifugation

(4) Saugfiltration

(5) Extraktion

0362

Welchen Vorteil hat ein Porzellanfiltertiegel gegenüber einem Glasfiltertiegel mit vergleichbarer Porengröße?

(1) Er ist temperaturbeständiger.

(2) Er ist mechanisch stabiler.

(3) Er ist beständiger gegenüber konz. Salzsäure.

(4) Er hat eine gleichmäßigere Porengröße.

(5) Er läßt das Filtrat leichter passieren.

0363

Welchen Vorteil hat ein Porzellanfiltertiegel gegenüber einem Glasfiltertiegel vergleichbarer Porengröße?

(1) Größere Filtrierleistung

(2) Größere mechanische Stabilität

(3) Gleichmäßigere Porengröße

(4) Größere Beständigkeit gegen konz. Salzsäure

(5) Größere Beständigkeit gegen schroffe Temperaturänderungen

0364

Wovon ist die Geschwindigkeit bei einer Filtration über Analysenfilter *nicht* abhängig?

(1) Vom Luftdruck

(2) Von der Porengröße des Filters

(3) Von der Flüssigkeitssäule im Rohr des Analysentrichters

(4) Von der Flüssigkeitshöhe im Filter

(5) Von der Teilchengröße des Feststoffs

0365

Wonach richtet sich die Wahl der Filtergröße?

(1) Nach der Masse des Filtrats

(2) Nach dem Volumen des Filtrats

(3) Nach der Masse des Niederschlags

(4) Nach dem Volumen des Niederschlags

(5) Nach der Größe des verwendeten Trichters

0366

Um den Erfolg einer Filtration zu verbessern, muß häufig ein Filterhilfsmittel eingesetzt werden. Welche Aussage ist richtig?

(1) Unter Filterhilfsmittel versteht man die Anwendung eines Über- oder Unterdrucks zur Vergrößerung der Filtrationsgeschwindigkeit.

(2) Filterhilfsmittel sind feinkörnige oder faserige Stoffe, die einer Suspension zugesetzt oder auf das Filtermittel aufgeschwemmt werden.

(3) Filterhilfsmittel sind Schichten, die für das Filtrat undurchlässig sind.

(4) Filterhilfsmittel verkleinern die Viskosität von Suspensionen.

(5) Suspensionen können nur durch Zugabe von Filterhilfsmitteln getrennt werden.

0367

Welches der genannten Verfahren ist ein Trenn-verfahren?

1. Rühren
2. Zentrifugieren
3. Dispergieren
4. Emulgieren
5. Kneten

0368

Ein sehr feindisperser Feststoff mit der Dichte > 1 g/cm^3 soll von der wäßrigen Phase getrennt werden. Welche Methode ist dazu am besten geeignet?

1. Einfache Filtration
2. Saugfiltration (Abnutschen) über Papierfilter
3. Saugfiltration über eine Glas- oder Keramikfritte
4. Zentrifugation
5. Druckfiltration

0369

Welches der genannten Trennverfahren eignet sich zum Trennen der beiden Bestandteile einer Emulsion?

1. Filtrieren
2. Sedimentieren
3. Zentrifugieren
4. Dekantieren
5. Sieben

0370

Durch welches der genannten Verfahren läßt sich eine NaCl-Lösung von einer festen Verunreinigung trennen?

1. Zentrifugieren
2. Ausschütteln
3. Destillieren
4. Extrahieren
5. Abdampfen

0371

Wodurch läßt sich die Absetzgeschwindigkeit in einer Zentrifuge am wirkungsvollsten vergrößern?

1. Durch Einbau einer größeren Trommel
2. Durch Zusammenballen der abzutrennenden Feststoffteilchen
3. Durch Vergrößern des Dichteunterschieds zwischen Flüssigkeits- und Feststoffanteil
4. Durch Verkleinern der Viskosität des Flüssigkeits-anteils
5. Durch Vergrößern der Drehzahl

0372

Von welcher der genannten Größen hängt die Sedimen-tationsgeschwindigkeit in einer Zentrifuge *nicht* ab?

1. Von der Drehzahl des Rotors pro Minute
2. Vom Durchmesser des Rotors
3. Von der Differenz der Dichten der zu trennenden Stoffe
4. Von der relativen Zentrifugalbeschleunigung
5. Vom Durchmesser des Zentrifugenröhrchens

0373

Bei welchem der genannten Verfahren findet ein Übergang aus dem flüssigen in den festen Aggregatzustand statt?

1. Kristallisation

2. Destillation

3. Extraktion

4. Sedimentation

5. Filtration

0374

Eine zu reinigende Substanz wird in einem geeigneten Lösemittel in der Hitze gelöst und nach Filtration durch Abkühlen der Lösung zurückgewonnen. Wie nennt man dieses Reinigungsverfahren?

1. Extrahieren

2. Umfällen

3. Aussalzen

4. Ausfällen

5. Umkristallisieren

0375

Was wird durch eine Umkristallisation erreicht?

1. Die Entfernung von Aktivkohle

2. Die Entfernung von Kristallwasser

3. Die Gewinnung einer konzentrierten Lösung

4. Die Reinigung eines löslichen Feststoffs

5. Die Reinigung einer Flüssigkeit

0376

Welche Aussage zur Umkristallisation bzw. Umfällung ist richtig?

1. Eine Umfällung liefert im Gegensatz zu einer Umkristallisation immer das reinere Produkt.

2. Eine Umfällung eines Stoffs ist nur durch seine verschieden große Löslichkeit bei verschieden hohen Temperaturen des Lösungsmittels möglich.

3. Maßgebend für beide Methoden ist der Löslichkeitsunterschied bei verschiedenen Temperaturen.

4. Eine Umkristallisation ist immer ein physikalischer, eine Umfällung kann dagegen ein physikalischer oder chemischer Vorgang sein.

5. Unter Umkristallisation versteht man im Gegensatz zur Umfällung die Umwandlung von großen in kleine Kristalle.

0377

Welche Aussage über Trennmethoden ist *falsch*?

1. Absetzverfahren beruhen auf der Wirkung der Schwerkraft.

2. Aus einem Flüssigkeitsgemisch kann eine Komponente durch Extrahieren herausgetrennt werden.

3. Beim Destillieren müssen die Komponenten unterschiedliche Siedetemperaturen aufweisen.

4. Bei der Filtration ist die Teilchengröße des suspendierten Stoffs von Bedeutung.

5. Die Umkristallisation ist eine Reinigungsmethode ausschließlich für Salze.

0378

Welche Eigenschaft des zu reinigenden Stoffs muß vor der Durchführung einer Umkristallisation bekannt sein?

1. Dichte

2. Härte

3. Wärmeleitfähigkeit

4. Farbe

5. Löslichkeit

0379

Welche Methode kann zum Auslösen der Kristallisation eines Stoffs angewendet werden?

1. Absorbieren
2. Dekantieren
3. Impfen
4. Extrahieren
5. Eluieren

0380

Was versteht man in der Labortechnik unter Impfen?

1. Das schockartige Abkühlen einer übersättigten Lösung
2. Das schockartige Erwärmen einer übersättigten Lösung
3. Die Zugabe von einigen Tropfen Wasser zu einer übersättigten Lösung
4. Das Zugeben von einigen kleinen Kristallen zu einer übersättigten Lösung
5. Das Absitzenlassen von Kristallen, die sich aus einer übersättigten Lösung abscheiden

0381

Was versteht man unter Adsorption?

1. Abtrennen feinverteilter Flüssigkeitstropfen aus Gasen
2. Anreichern eines Stoffs an der Oberfläche von Feststoffen
3. Abtrennen eines Feststoffs aus einem Gas-Fest-stoff-Gemisch
4. Beschleunigen einer chemischen Reaktion mit Hilfe eines Katalysators
5. Lösen eines Gases in einer Flüssigkeit

0382

Welchen Stoff kann man beim Umkristallisieren *nicht* als Adsorptionsmittel benutzen?

1. Bleicherde
2. Glaspulver
3. Tierkohle
4. Kieselgur
5. Aktivkohle

0383

Auf welcher Eigenschaft der Aktivkohle beruht ihre Verwendung beim Umkristallisieren?

1. Sie erhöht die Filtrationsgeschwindigkeit.
2. Sie verzögert die Kristallisation.
3. Sie dient der Stabilisierung des gelösten Stoffs.
4. Sie fällt Verunreinigungen aus.
5. Sie adsorbiert gelöste Verunreinigungen.

0384

Welchen Zweck erfüllt der Zusatz von Aktivkohle bei der Umkristallisation?

1. Aufnahme von gelösten Verunreinigungen
2. Verringern des Verdampfungsverlustes
3. Verhindern vorzeitiger Kristallisation
4. Erhöhung der Filtrationsgeschwindigkeit
5. Verhinderung eines Siedeverzugs

0385

Wodurch können *keine* Kristalle aus einer Lösung ausgefällt bzw. ausgeschieden werden?

1. Durch Aussalzen

2. Durch Zusatz von Aktivkohle

3. Durch Abdampfen des Lösemittels

4. Durch Abkühlen der gesättigten Lösung

5. Durch Zusatz einer anderen Flüssigkeit

0386

Welche Aussage ist *falsch*?

1. Schwer kristallisierende Stoffe und zur Übersättigung neigende Lösungen bringt man durch Animpfen zum Kristallisieren.

2. Ein Auskristallisieren tritt durch Temperaturerniedrigung oder durch Eindampfen einer gesättigten Lösung ein.

3. Beim schnellen Abkühlen einer gesättigten Lösung scheiden sich grundsätzlich große Kristalle aus.

4. Eine heißgesättigte Lösung filtriert man am besten durch einen heizbaren Trichter.

5. Bei jedem Umkristallisieren geht etwas von dem zu reinigenden Stoff verloren.

0387

Welche Verfahrensweise **verhindert** bei einer Kristallisation die Bildung großer Kristalle?

1. Langsames Abkühlen

2. Schnelles Rühren beim Abkühlen

3. Langsames Abführen der Kristallisationswärme

4. Zugabe eines Impfkristalls

5. Erzeugen eines Kristallisationskeims durch Reiben an der Behälterwand

0388

Wodurch wird die Bildung von kleinen Kristallen begünstigt?

1. Durch eine lange Verweilzeit im Kristallisator

2. Durch eine große Übersättigung während der Kristallisation

3. Durch geringe Bewegung bei der Kristallisation

4. Durch eine geringe Anzahl Keime bei der Kristallisation

5. Durch langsames Abkühlen einer gesättigten Lösung

0389

Wie kann eine Salzlösung in Salz und Lösemittel getrennt werden?

1. Durch Abdampfen

2. Durch Zentrifugieren

3. Durch Sublimieren

4. Durch Klassieren

5. Durch Filtrieren über Papierfilter

0390

Welche Reinigungsmethode kann auf einem chemischen Vorgang beruhen?

1. Umfällung

2. Extraktion

3. Umkristallisation

4. Sublimation

5. Destillation

0391

Das Diagramm zeigt die Löslichkeitskurven von fünf
Substanzen. Welche Substanz läßt sich am besten aus
einer heißen gesättigten Lösung umkristallisieren?

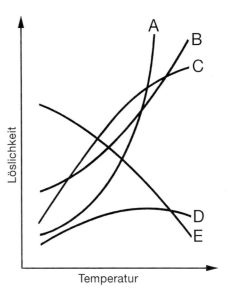

1. Substanz A

2. Substanz B

3. Substanz C

4. Substanz D

5. Substanz E

0392

In welcher Auswahlantwort sind die Verfahrensschritte einer Ver-
dampfungskristallisation in der richtigen Reihenfolge angegeben?

1. Abdampfen von Lösemittel – Kristallbildung – Überschreiten der Sättigungskonzentration – Abtrennen des Kristallbreis

2. Kristallbildung – Abdampfen von Lösemittel – Überschreiten der Sättigungskonzentration – Abtrennen des Kristallbreis

3. Abdampfen von Lösemittel – Überschreiten der Sättigungskonzentration – Abtrennen des Kristallbreis – Kristallbildung

4. Abdampfen von Lösemittel – Überschreiten der Sättigungskonzentration – Kristallbildung – Abtrennen des Kristallbreis

5. Kristallbildung – Abtrennen des Kristallbreis – Abdampfen
   von Lösemittel – Überschreiten der Sättigungskonzentration

0393

Die Lösung einer bei Raumtemperatur festen anorganischen Substanz wird im Vakuum eingedampft. Welche
Aussage ist *falsch*?

1. Beim Eindampfen einer Lösung im Vakuum wird
   Wärmeenergie gespart.

2. Das Eindampfen der Lösung im Vakuum erfolgt
   bei einer niedrigeren Temperatur als bei Normaldruck.

3. Das Eindampfen einer Lösung im Vakuum geht
   meistens verhältnismäßig schnell vor sich.

4. Beim Eindampfen einer Lösung im Vakuum geht
   durch das Vakuum immer gelöster Stoff verloren.

5. Beim Eindampfen der Lösung im Vakuum wird
   die Substanz geschont.

0394

Was versteht man unter Aussalzen?

1. Das Auskristallierenlassen von Salzen

2. Die Abgabe von Wasser aus kristallisierten Salzen

3. Das Trocknen von organischen Lösemitteln mit
   Hilfe wasserfreier anorganischer Salze

4. Das Herabsetzen der Löslichkeit einer auszuschei-
   denden Substanz durch Zugabe leichtlöslicher
   Salze

5. Das Unterschichten von organischen Lösemitteln
   mit einer konzentrierten Salzlösung

0395

Welchen Vorgang nennt man Sublimation?

1. Feststoff ⟶ Flüssigkeit

2. Feststoff ⟶ Gas (Dampf)

3. Gas (Dampf) ⟶ Flüssigkeit

4. Flüssigkeit ⟶ Gas (Dampf)

5. Flüssigkeit ⟶ Feststoff

0396

Wie wird der Vorgang bezeichnet, bei dem ein Stoff vom festen **direkt** in den gasigen Zustand übergeht?

(1) Erstarren

(2) Schmelzen

(3) Verdunsten

(4) Verdampfen

(5) Sublimieren

0397

Welches Trennungsverfahren eignet sich *nicht* für die Trennung eines heterogenen Fest-Flüssig-Gemischs?

(1) Zentrifugieren

(2) Sublimieren

(3) Dekantieren

(4) Sedimentieren

(5) Filtrieren

0398

Die Skizze zeigt das Zustandsdiagramm des Wassers mit dem Tripelpunkt. Welchen Übergang bezeichnet man als Sublimieren?

(1) Von 1 nach 2

(2) Von 1 nach 3

(3) Von 2 nach 3

(4) Von 2 nach 1

(5) Von 3 nach 2

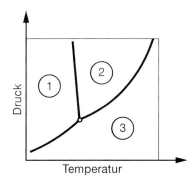

0399

Welcher Stoff kann durch Sublimation gereinigt werden?

(1) Iod

(2) Natriumchlorid

(3) Quecksilber

(4) Natriumsulfat

(5) Graphit

0400

Welche Substanz sublimiert *nicht*?

(1) Natriumhydroxid

(2) Benzoesäure

(3) Trockeneis

(4) Naphthalin

(5) Iod

0401

Zur Reinigung eines bestimmten Feststoffs sind grundsätzlich alle genannten Aufarbeitungsmethoden anwendbar. Welche Methode wendet man an, wenn der Feststoff sehr teuer ist und etwa 0,5 g gereinigt werden sollen?

(1) Umkristallisation

(2) Umfällung

(3) Destillation

(4) Extraktion

(5) Sublimation

0402

Welches der genannten Verfahren gehört zu den thermischen Trennverfahren?

1. Sortieren
2. Zerkleinern
3. Destillieren
4. Filtrieren
5. Dekantieren

0403

Wie kann ein flüssiges homogenes Gemisch getrennt werden?

1. Durch Destillieren
2. Durch Dekantieren
3. Durch Filtrieren mit einem Faltenfilter
4. Durch Zentrifugieren bei großer Umdrehungszahl
5. Durch Trennung mit einem Scheidetrichter

0404

Welches der genannten Verfahren dient zur Gewinnung eines Reinstoffs aus einem Flüssigkeitsgemisch?

1. Filtrieren
2. Sublimieren
3. Homogenisieren
4. Umkristallisieren
5. Destillieren

0405

Wie kann eine Salzlösung in Salz und Lösemittel getrennt werden?

1. Durch Zentrifugieren
2. Durch Filtrieren über einen Papierfilter
3. Durch Dekantieren
4. Durch Destillieren
5. Durch Sublimieren

0406

In welcher physikalischen Größe müssen sich die beiden Komponenten eines Flüssigkeitsgemischs unterscheiden, wenn sie durch Destillieren getrennt werden sollen?

1. Dichte
2. Siedetemperatur
3. Viskosität
4. Löslichkeit
5. Schmelztemperatur

0407

In welcher Eigenschaft müssen sich Flüssigkeiten unterscheiden, wenn sie durch Destillation getrennt werden sollen?

1. Schmelzpunkt
2. Dichte
3. pH-Wert
4. Siedepunkt
5. Flammpunkt

0408

Ein ideales Gemisch aus einer leichtsiedenden und einer schwersiedenden Flüssigkeit wird zum Sieden erhitzt. Welche Zusammensetzung hat der Dampf im Vergleich zur Flüssigkeit?

1. Über die Zusammensetzung können keinerlei Angaben gemacht werden, da die Siedepunkte fehlen.
2. Dampf und Flüssigkeit haben den gleichen Stoffmengenanteil an leichtsiedender Komponente.
3. Der Dampf enthält im Vergleich zur siedenden Flüssigkeit einen höheren Stoffmengenanteil an leichtsiedender Komponente.
4. Der Dampf enthält im Vergleich zur siedenden Flüssigkeit einen niedrigeren Stoffmengenanteil an leichtsiedender Komponente.
5. Der Dampf enthält zunächst nur die leichtsiedende Komponente.

0409

Welche der genannten Geräte sind zu einer einfachen Destillation erforderlich?

1. Wärmequelle, Kolben, Claisenbrücke mit Kühler und Thermometer, Vorlage
2. Wärmequelle, Kühler mit Abnahme, Vorlage
3. Wärmequelle, Kolben, Rücklaufteiler, Vorlage
4. Wärmequelle, Kolben, Liebigkühler, Vorlage
5. Kolben, Claisenbrücke mit Kühler, Thermometer, Vorlage

0410

Welchen Fehler enthält die abgebildete Destillationsapparatur?

1. Der Kühler ist zu lang.
2. Das Thermometer ist falsch eingebaut.
3. Der Kolben enthält zu viel Flüssigkeit.
4. Die Vorlage ist zu klein.
5. Das Kühlwasser fließt in die falsche Richtung.

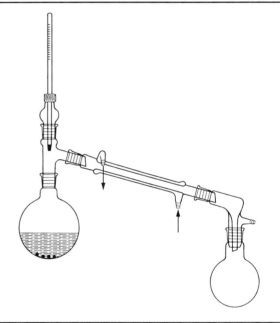

0411

Wovon ist die Siedetemperatur eines Flüssigkeitsgemischs aus ineinander löslichen, flüchtigen Komponenten abhängig?

1. Nur vom Anteil der Komponenten im Gemisch
2. Nur vom Druck über der Flüssigkeitsmischung
3. Nur von der zugeführten Wärmemenge
4. Vom Druck über der Flüssigkeitsmischung und von der zugeführten Wärmemenge
5. Vom Druck über der Flüssigkeitsmischung und vom Anteil der Komponenten

0412

Was kann man aus einer Siedeanalyse *nicht* ermitteln?

1. Die Temperatur bei Siedebeginn
2. Die Struktur der reinen Komponenten
3. Die ungefähren Volumenanteile der Komponenten
4. Die Trennbarkeit der Komponenten
5. Die Temperatur bei Siedeende

Kopieren und jede Form der Vervielfältigung oder Reproduktion nicht gestattet.

75

0413

Welche Aussage über den Wärmeaustausch im Gleichstrombetrieb ist richtig?

(1) Am Einlauf des Kühlers trifft der wärmeabgebende Stoff auf den dort bereits erwärmten, wärmeaufnehmenden Stoff.

(2) Am Auslauf ist der wärmeabgebende Stoff bereits teilweise abgekühlt und trifft dort auf den kalten, wärmeaufnehmenden Stoff.

(3) Am Einlauf des Kühlers trifft der wärmeabgebende Stoff auf den kalten, wärmeaufnehmenden Stoff.

(4) Im Mittel ist die Temperaturdifferenz bei Gleichstrom-Wäremetausch größer als bei Gegenstrom-Wärmetausch.

(5) Ist das Ziel des Wärmeaustauschs das Kühlen eines Produkts, dann ist der Kühlmittelverbrauch beim Gleichstromwärmeaustausch geringer als beim Gegenstromwärmeaustausch.

0414

Welcher der genannten Wärmeaustausch-Vorgänge ist *nicht* erwünscht?

(1) Aufheizen eines Rührkolbens auf Reaktionstemperatur

(2) Abführen von Reaktionswärme

(3) Entziehen der Verdampfungswärme im Kühler einer Rektifikationsanlage

(4) Abgabe von Energie durch ungenügende Isolierung

(5) Abkühlen von Destillat auf Raumtemperatur

0415

Bei welchem der genannten Vorgänge findet *kein* direkter Wärmeaustausch statt?

(1) Erwärmtes Kühlwasser wird in einem Kühlturm verrieselt und durch einen Kaltluftstrom rückgekühlt.

(2) Ein Produkt wird durch Vermischen mit Eis gekühlt.

(3) Eine Trägerdampfdestillationsanlage wird durch Einblasen von Wasserdampf beheizt.

(4) Eine Adsorptionsanlage wird durch Beheizen mit Dampf regeneriert.

(5) Ein Produkt wird in einem Behälter durch mit Dampf beheizte Rohrschlangen erwärmt.

0416

Wobei verwendet man vorzugsweise einen Kugelkühler?

(1) Bei der Destillation von niedrig siedenden Flüssigkeiten

(2) Bei der Destillation von hoch siedenden Flüssigkeiten

(3) Bei Vakuumdestillationen

(4) Bei Siedeanalysen

(5) Bei chemischen Reaktionen als Rückflußkühler

0417

Bei der fraktionierten Destillation eines Zweistoffgemischs ergab sich das nebenstehend skizzierte Temperatur-Zeit-Diagramm. In welchem Bereich wird der Zwischenlauf aufgefangen?

(1) Bereich 1

(2) Bereich 2

(3) Bereich 3

(4) Bereich 4

(5) Bereich 5

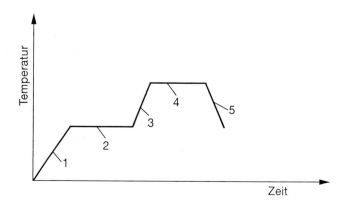

0418

Wenn eine Flüssigkeitsmischung destilliert wird, setzt man oft eine Kolonne auf den Destillationskolben. Was wird dadurch erreicht?

1. Der Siedepunkt einer Komponente wird heraufgesetzt.

2. Der Siedepunkt einer Komponente wird herabgesetzt.

3. Die Komponenten werden besser getrennt.

4. Die Verdunstungsgeschwindigkeit wird erhöht.

5. Die Kolonne wirkt als Kamin, so daß die Dämpfe leichter abziehen können.

0419

Welcher der genannten Begriffe gehört zum Bereich der Destillationstechnik?

1. Extrakt

2. Rücklauf

3. Impfkristall

4. Sediment

5. Solvent

0420

Was ist das Prinzip der Gegenstromdestillation?

1. Das in den Kühler geleitete Kühlwasser läuft dem kondensierenden Dampf im Kühler entgegen.

2. Es handelt sich um eine Destillation, die mit einem Regler im elektrischen Stromkreis zur Erhaltung einer konstanten Temperatur betrieben wird.

3. Es beruht auf der Tatsache, daß Flüssigkeiten im Vakuum bei niedrigerer Temperatur destilliert werden können als bei Normaldruck.

4. Das in der Destillationskolonne gebildete Kondensat fließt dem nach oben strömenden Dampf entgegen.

5. Bei der Gegenstromdestillation kann der entstehende Dampf nicht sofort abgeleitet werden, so daß ein ihm entgegenstehender Staudruck entsteht.

0421

Durch welche Maßnahme läßt sich in der Regel bei einer Rektifikation die Trennwirkung verbessern?

1. Verwendung einer längeren Kolonne

2. Erniedrigung des Rücklaufverhältnisses

3. Entfernung der Kolonnenisolation

4. Verwendung einer kürzeren Kolonne

5. Verbesserung der Heizleistung

0422

Welche Aussage zur Rektifikation ist richtig?

1. Die Füllkörper einer Kolonne bewirken, daß zuerst die schwerer flüchtigen Komponenten verdampfen.

2. In sehr langen Kolonnen können unter optimalen Bedingungen auch azeotrope Gemische getrennt werden.

3. Die Temperatur in einer Kolonne nimmt von oben nach unten ab, deshalb muß für gute Wärmeisolierung gesorgt werden.

4. Im Kolonnenkopf ist der Anteil der Komponenten mit dem höchsten Dampfdruck am größten.

5. Das Rücklaufverhältnis bei einer Rektifikation hat keinen Einfluß auf die Reinheit des Destillats, wohl aber auf die Destillationsgeschwindigkeit.

0423

Wovon ist die Trennwirkung einer Rektifikation *nicht* abhängig?

1. Von der Destillationsgeschwindigkeit

2. Von der Art der Füllkörper

3. Von dem Rücklaufverhältnis

4. Von der Länge und Isolation der Kolonne

5. Von der Kühlfläche des Kühlers

0424

Wovon ist die Trennwirkung bei einer Rektifikation *nicht* abhängig?

1 Vom Rücklaufverhältnis

2 Von der Destillationsgeschwindigkeit

3 Von der Art der Füllkörper

4 Von der Isolation der Kolonne

5 Von der Größe des Destillationskolbens

0425

Welche Aussage über die Betriebsbedingungen einer kontinuierlichen Rektifikation ist *falsch*?

1 Es fließt ständig Ausgangsgemisch in die Kolonne.

2 Es wird eine bestimmte Sumpftemperatur eingehalten.

3 Es wird eine bestimmte Kopftemperatur eingehalten.

4 Es wird ständig Destillat und Sumpfprodukt abgenommen.

5 Es steigt der Flüssigkeitsstand im Verdampfer kontinuierlich an.

0426

Welche Aussage über eine Rektifizieranlage ist richtig?

1 Im Kolonnenkopf reichert sich der Stoff mit der höheren Siedetemperatur an.

2 Je weniger Rücklauf auf die Kolonne gegeben wird, desto reiner wird das Destillat.

3 Im Kolonnenkopf reichert sich der Stoff mit dem größeren Dampfdruck an.

4 Die Temperatur im Sumpf ist kleiner als im Kolonnenkopf.

5 Der Druck nimmt vom Kolonnenkopf zum Sumpf hin ab.

0427

Welche Aussage über die Bedingungen in einer Rektifizierkolonne ist richtig?

1 Die Temperatur im Sumpf ist niedriger als am Kopf.

2 Der Druck nimmt vom Kopf in Richtung Sumpf ab.

3 Ein fallender Differenzdruck deutet auf eine steigende Belastung der Kolonne hin.

4 Je mehr Substanz entnommen wird, desto besser ist die Trennwirkung der Kolonne.

5 Am Kopf reichert sich der Stoff mit dem höheren Dampfdruck an.

0428

Welches der genannten Verfahren wird zur Trennung von homogenen Flüssigkeitsgemischen eingesetzt?

1 Rektifizieren

2 Zentrifugieren

3 Sortieren

4 Absorbieren

5 Filtrieren

0429

Auf welche verfahrenstechnische Grundoperation trifft folgende Beschreibung des Arbeitsablaufs zu?
1. Inertisieren der Anlage
2. Befüllen der Anlage
3. Aufheizen des Produkts
4. Einstellen des Rücklaufverhältnisses

1 Extraktion

2 Absorption

3 Rektifikation

4 Adsorption

5 Desorption

0430

Wie kann eine Mischung von Glycerol und Wasser getrennt werden?

1. Durch Filtrieren
2. Durch Zentrifugieren
3. Durch Rektifizieren
4. Durch Dekantieren
5. Durch Ausfällen

0431

Wann kann bei einer fraktionierten Destillation ein möglichst reines Produkt abgenommen werden?

1. Wenn wenig Kondensat in der Kolonne zurückläuft und wenig Destillat abgenommen wird.
2. Wenn wenig Kondensat in der Kolonne zurückläuft und viel Destillat abgenommen wird.
3. Wenn ebensoviel Kondensat in der Kolonne zurückläuft und viel Destillat abgenommen wird.
4. Wenn viel Kondensat in der Kolonne zurückläuft und viel Destillat abgenommen wird.
5. Wenn viel Kondensat in der Kolonne zurückläuft und nur wenig Destillat abgenommen wird.

0432

Bei der Analyse des Destillats aus einer kontinuierlichen Rektifikationsanlage wurde festgestellt, daß die gewünschte Produktreinheit nicht mehr erreicht wird. Welche Korrekturmaßnahme ist richtig?

1. Unterbrechen des Zulaufs des zu trennenden Gemischs
2. Verkleinern der Heizleistung
3. Vergrößern des Rücklaufverhältnisses
4. Verkleinern des Rücklaufverhältnisses
5. Verkleinern des Kühlwasserstroms

0433

Durch welche zwei Maßnahmen läßt sich in der Regel bei einer Rektifikation die Trennwirkung verbessern?

1. Verwendung einer längeren Kolonne, Erniedrigung des Rücklaufverhältnisses
2. Verwendung einer kürzeren Kolonne, Verbesserung der Isolation der Kolonne
3. Bessere Isolation der Kolonne, Erniedrigung des Rücklaufverhältnisses
4. Verwendung einer längeren Kolonne, Vergrößerung des Rücklaufverhältnisses
5. Verbesserung der Heizleistung, Verbesserung der Isolation der Kolonne

0434

Welche Aufgabe haben die Füllkörper in einer Rektifizierkolonne?

1. Sie stabilisieren die Einbaulage der Kolonne.
2. Sie vergrößern die Austauschoberfläche der Kolonne.
3. Sie minimieren die Wärmeabstrahlung der Kolonne.
4. Sie verhindern das Zurückströmen des aufsteigenden Dampfs.
5. Sie halten bei einem Siedeverzug die Flüssigkeit zurück.

0435

Welche Aussage über Füllkörperkolonnen ist richtig?

1. Sie können nicht für die kontinuierliche Rektifikation eingesetzt werden.
2. Sie dürfen nicht für die Vakuum-Rektifikation eingesetzt werden.
3. Sie sind um so wirkungsvoller, je größer der Kolonnendurchmesser ist.
4. Sie haben eine schlechtere Trennwirkung als Bodenkolonnen.
5. Sie bewirken einen kleineren Druckverlust als Bodenkolonnen.

0436

Welche Aussage über eine Destillationskolonne ist *falsch*?

1. Eine Kolonne hat die Aufgabe, den höher sieden-den Bestandteil aus dem Dampfgemisch zu kon-densieren.

2. In einer Kolonne erfolgt ein Stoff- und Energie-austausch.

3. Je kleiner die wirksame Oberfläche der Kolonne, desto besser ist deren Trennwirkung.

4. Eine Kolonne hat die Aufgabe, für eine schärfere Trennung der Fraktionen zu sorgen.

5. Mit steigendem Stoffdurchsatz sinkt die Trenn-leistung einer Kolonne.

0437

Was gibt die „theoretische Bodenzahl" einer Kolonne an?

1. Wieviel Meter Höhe die Kolonne besitzen muß, um ein gegebenes Trennproblem zu lösen

2. In wieviel Unterabschnitte die Kolonne eingeteilt ist

3. Wieviel einzelne Destillationsschritte in der Kolonne gleichzeitig stattfinden

4. Wieviel Glockenböden die Kolonne besitzen sollte, um eine bestimmte Trennaufgabe zu lösen

5. Das für eine saubere Trennung erforderliche Min-destverhältnis von Rücklaufmenge zur Destillat-menge

0438

Welche Aussage über eine Rektifikationsanlage ist *falsch*?

1. Am Kopf wird die leichtersiedende Komponente abgenommen.

2. Am Kopf wird die Komponente mit dem größeren Dampfdruck abgenommen.

3. Die Kopftemperatur ist niedriger als die Sumpf-temperatur.

4. Die Kopftemperatur ist höher als die Sumpf-temperatur.

5. Eine Verminderung der Destillatentnahme ver-bessert die Trennschärfe der Kolonne.

0439

In welchem der genannten Fälle kann ein Flüssigkeits-gemisch *nicht* durch Rektifikation getrennt werden?

1. Wenn die Siedetemperatur der Komponenten über 200 °C ist

2. Wenn ein azeotropes Gemisch vorliegt

3. Wenn die Komponenten des Gemischs ineinander löslich sind

4. Wenn die Differenz der Siedetemperaturen der Komponenten kleiner als 10 °C ist

5. Wenn der Dampfdruck der Komponenten sehr unterschiedlich ist

0440

An welcher Stelle enthält der nebenstehende Ausschnitt aus einer Glockenbodenkolonne einen Fehler?

1. Bei a ist das Wehr zu niedrig.

2. Bei b taucht das Ablaufrohr nicht ein.

3. Bei c taucht die Glocke zu tief ein.

4. Bei d steht die Flüssigkeit zu hoch.

5. Das Ablaufrohr hat einen zu großen Durchmesser.

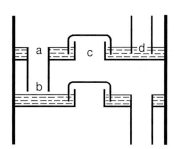

0441

Was versteht man unter einem azeotropen Gemisch?

1. Ein Gemisch von zwei Flüssigkeiten, das durch eine normale Destillation nicht getrennt werden kann

2. Ein Gemisch von zwei Flüssigkeiten, die ineinander vollständig löslich sind

3. Ein Gemisch von zwei Flüssigkeiten, die nicht vollständig ineinander löslich sind

4. Ein Gemisch, dessen Dampf bei der Destillation eine andere Zusammensetzung hat als die siedende Flüssigkeit

5. Ein Gemisch von zwei Substanzen, das nur durch Wasserdampfdestillation getrennt werden kann

0442

Was versteht man unter einem azeotropen Gemisch?

1. Ein Gemisch von zwei Flüssigkeiten, die nicht vollständig ineinander löslich sind

2. Ein Gemisch von zwei Flüssigkeiten, die ineinander vollständig löslich sind

3. Ein Gemisch, dessen Dampf bei der Destillation eine andere Zusammensetzung hat als die siedende Flüssigkeit

4. Ein Gemisch, dessen Dampf bei der Destillation die gleiche Zusammensetzung hat wie die siedende Flüssigkeit

5. Ein Gemisch von zwei Substanzen, das nur durch Wasserdampfdestillation getrennt werden kann

0443

Welcher Punkt kennzeichnet in dem skizzierten Siede-diagramm den Siedepunkt des azeotropen Gemischs?

1. Punkt A

2. Punkt B

3. Punkt C

4. Punkt D

5. Punkt E

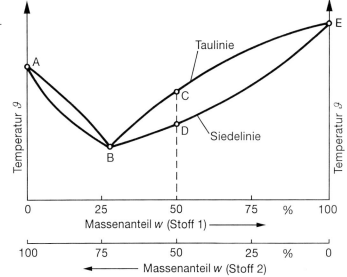

0444

Warum destilliert man bestimmte Stoffe im Vakuum?

1. Um Kühlwasser zu sparen

2. Um die Anwendung von Siedesteinen zu vermeiden

3. Um das Schäumen der Substanz zu vermeiden

4. Um Wärmeenergie zu sparen

5. Um die Zersetzung der Substanz zu vermeiden

0445

Welchen Vorteil hat die Vakuumdestillation gegenüber der Destillation bei normalem Druck?

1. Große Ausbeute des Produkts

2. Große Reinheit des Produkts

3. Geringer Aufwand

4. Schonende Destillation des Produkts

5. Energieersparnis

Kopieren und jede Form der Vervielfältigung oder Reproduktion nicht gestattet.

81

0446

In welchem der genannten Fälle wird die Vakuumdestillation bevorzugt eingesetzt?

(1)   Bei niedrigmolekularen Komponenten

(2)   Bei schlechter Trennbarkeit der Komponenten

(3)   Bei der Trennung azeotroper Gemische

(4)   Wenn bei normaler Destillation für einzelne Komponenten Zersetzungsgefahr besteht

(5)   Wenn giftige Komponenten zu erwarten sind

0447

Warum destilliert man bestimmte Flüssigkeiten bzw. Flüssigkeitsgemische im Vakuum?

(1)   Weil die Flüssigkeit sehr rasch überdestilliert werden soll.

(2)   Weil die Flüssigkeit hitzeempfindlich ist und daher temperaturschonend destilliert werden soll.

(3)   Weil das Kondensat bei einer normalen Destillation im Kühler erstarren würde.

(4)   Weil die Flüssigkeit einen niedrigen Siedepunkt besitzt.

(5)   Weil die Siedepunkte der einzelnen Flüssigkeiten in einem Gemisch weit auseinander liegen.

0448

In welchem Fall wird die Vakuumdestillation bevorzugt angewandt?

(1)   Bei Stoffen, die leicht zersetzlich sind

(2)   Bei Stoffen, die wasserdampfflüchtig sind

(3)   Bei der Herstellung von Kunstharzlösungen mit besonders niedrigem Siedepunkt

(4)   Bei der Herstellung von Kunstharzlösungen in organischen Lösemitteln

(5)   Bei Lösemitteln mit einem Flammpunkt von unter + 21 °C

0449

In welchem Fall muß man statt einer Destillation unter Normdruck eine Vakuumdestillation durchführen?

(1)   Wenn der zu destillierende Stoff brennbar ist

(2)   Wenn die zu destillierende Substanz empfindlich gegenüber Sauerstoff ist

(3)   Wenn der Zersetzungspunkt des Stoffs unter dem Siedepunkt bei Normdruck liegt

(4)   Wenn die zu destillierende Substanz zähflüssig ist

(5)   Wenn die Substanz leicht kristallisiert

0450

In welchem Fall bevorzugt man die Methode der Vakuumdestillation?

(1)   Bei niedrig siedenden Stoffen

(2)   Bei brennbaren Stoffen

(3)   Bei wasserdampfflüchtigen Stoffen

(4)   Bei leicht zersetzlichen Stoffen

(5)   Bei unbrennbaren Stoffen

0451

Was gehört *nicht* zu einer Vakuumdestillationsapparatur?

(1)   Vakuumviereck

(2)   Claisenaufsatz

(3)   Siedekapillare

(4)   Reitmeyeraufsatz

(5)   Vakuumvorstoß

0452

Eine hochsiedende und thermisch leicht zersetzliche organische Flüssigkeit soll von anderen (nicht flüchtigen) organischen Substanzen getrennt werden. Welche Methode ist am besten geeignet?

1. Suchen nach Löslichkeitsunterschieden, dann Extraktion

2. Einfache Destillation

3. Fraktionierte Destillation

4. Vakuumdestillation

5. Wasserdampfdestillation

0453

Was muß nach der Vakuumdestillation immer zuerst abgestellt werden?

1. Vakuummeter

2. Vakuumpumpe

3. Kühlwasser

4. Heizquelle

5. Rührer

0454

Wie kann Quecksilber gereinigt werden?

1. Durch Ausfrieren

2. Durch Destillation im Vakuum

3. Durch Absorption an Al_2O_3 und anschließendes Eluieren

4. Durch Zentrifugieren

5. Durch Sublimation im Wasserstrahlvakuum

0455

Bild a. In welcher Reihenfolge müssen die Hähne 1 bis 3 an der Vakuumwechselvorlage bedient werden, damit die Vorlage, unter Beibehaltung des evakuierten Zustandes der restlichen Apparatur, gewechselt werden kann?

1. 1, 2, 3, Vorlage wechseln, 3, Vorlage evakuieren, 3, 2, 1

2. 1, 3, Vorlage wechseln, 2, 3, Vorlage evakuieren, 2, 1

3. 2, 1, 3, Vorlage wechseln, 3, Vorlage evakuieren, 1, 2

4. 1, 3, Vorlage wechseln, 3, 2, Vorlage evakuieren, 1, 2, 3

5. 1, 3, 2, Vorlage wechseln, 3, 2, Vorlage evakuieren, 2, 1

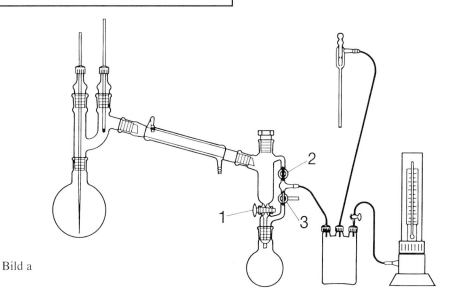

Bild a

0456

Wie wird das dargestellte Gerät bezeichnet?

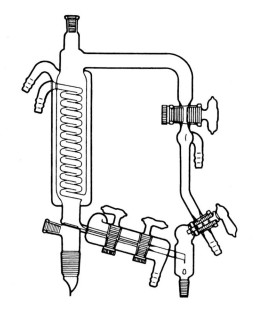

① Vakuum-Vorstoß

② Vakuum-Kolonnenkopf

③ Tieftemperatur-Kühler

④ Extraktions-Apparat

⑤ Vakuum-Verdampfer

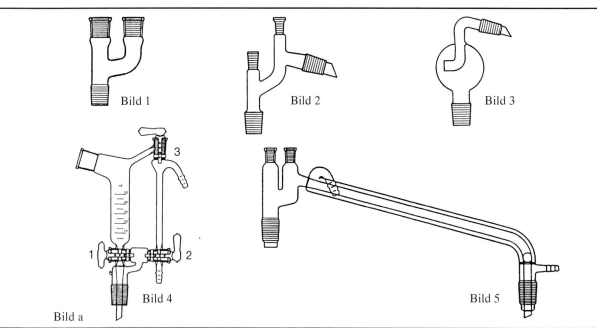

Bild 1

Bild 2

Bild 3

Bild 4

Bild 5

Bild a

0457

Bild a. Welches Bild zeigt einen Aufsatz für die Vakuum-destillationen?

① Bild 1

② Bild 2

③ Bild 3

④ Bild 4

⑤ Bild 5

0458

Bild a. Welches Bild zeigt einen Destillationsvorstoß?

① Bild 1

② Bild 2

③ Bild 3

④ Bild 4

⑤ Bild 5

0459

Das nebenstehende Bild zeigt eine Vakuum-Wechselvor-
lage nach Anschütz-Thiele. In welcher Auswahlantwort
ist die Funktion *falsch* beschrieben?

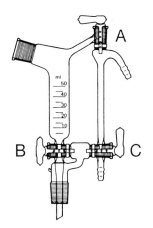

(1)   Nach erfolgtem Wechsel der Vorlage wird zuerst
       der Hahn C geschlossen, dann der Hahn A geöff-
       net.

(2)   Für den Wechsel der Vorlage werden zunächst die
       Hähne A und B geschlossen.

(3)   Zur Aufhebung des Vakuums in der Vorlage wird
       der Hahn C geöffnet.

(4)   Sobald die Vorlage evakuiert ist, wird der Hahn B
       geöffnet.

(5)   Der Vakuum-Anschluß erfolgt unter dem Hahn C,
       während unter dem Hahn A Luft einströmen
       kann, sobald er geöffnet ist.

0460

Welche Vakuumwechselvorlage zeigt die richtigen Hahn-
stellungen, wenn die Vorlage unter Beibehaltung des
evakuierten Zustandes der restlichen Apparatur gewechselt
werden soll?

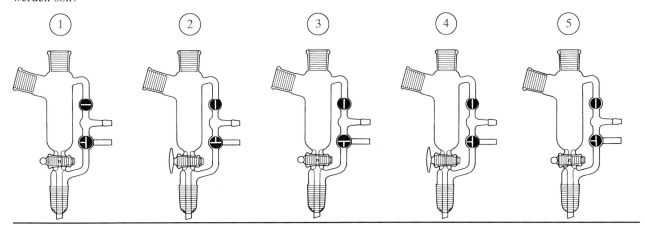

0461

Welche Aussage über die Arbeitsweise der im nebenstehenden Bild dargestellten Destillationsapparatur ist
falsch?

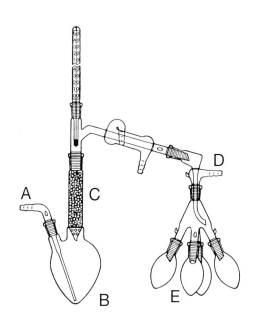

(1)   A ist die Siedekapillare. Vor Inbetriebnahme muß
       das in den Kolben eintauchende Glasrohr noch
       „ausgezogen" werden.

(2)   B ist ein Spitzkolben. Er hat gegenüber einem
       Rundkolben den Vorteil, daß bis zu einem gerin-
       geren Rückstand „ausdestilliert" werden kann.

(3)   C ist eine Füllkörper-Kolonne. Mit Füllkörpern
       erreicht man eine bessere Trennung eines Flüssig-
       keitsgemisches als ohne Füllkörper.

(4)   D ist der Vakuumanschluß. Zur Inbetriebnahme
       fehlt noch ein Hahn, mit dem die Apparatur belüf-
       tet wird, wenn die „Spinne" gedreht wird.

(5)   E sind Kölbchen, die die einzelnen Fraktionen
       aufnehmen.

0462

Welche Aussage über die Trägerdampfdestillation ist richtig?

(1) Der Hilfsstoff wird durch Verdampfen und anschließendes Kondensieren von gelösten Salzen befreit.

(2) Der Hilfsstoff bildet mit dem zu destillierenden Stoff ein heterogenes Gemisch mit konstanter Siedetemperatur.

(3) Es kann nur in Apparaten destilliert werden, die mehrmaliges Verdampfen und Kondensieren ermöglichen.

(4) Es werden homogene Gemische getrennt, bei denen die Flüssigkeits- und die Dampfphase unterschiedliche Zusammensetzungen aufweisen.

(5) Homogene Flüssigkeitsgemische werden nur einmal destilliert.

0463

Bei welchem der genannten Verfahren besteht das Destillat immer aus zwei Phasen?

(1) Vakuumdestillation

(2) Einfache Destillation

(3) Trägerdampfdestillation

(4) Fraktionierte Destillation

(5) Rektifikation

0464

Bei welcher Destillationsart wird die Siedetemperatur bereits bei Normdruck erniedrigt?

(1) Rektifikation

(2) Vakuumdestillation

(3) Wasserdampfdestillation

(4) Kolonnendestillation

(5) Fraktionierte Destillation

0465

Welche Aussage zur Wasserdampfdestillation ist richtig?

(1) Man kann nur Stoffe mit Wasserdampf destillieren, die in Wasser gut löslich sind.

(2) Bei der Wasserdampfdestillation gehen nur Stoffe über, deren Siedepunkte unter 100 °C liegen.

(3) Für diese Destillationsmethode eignen sich nur Stoffe, die in Wasser nicht oder nur wenig löslich sind.

(4) Bei der Wasserdampfdestillation kondensieren Stoff und Wasser immer im Massenverhältnis 1 : 1.

(5) Bei einer Wasserdampfdestillation muß man darauf achten, daß die Vorlage vor Beginn der Destillation schon etwa zur Hälfte mit Wasser gefüllt ist.

0466

Welche Aussage über die Wasserdampfdestillation ist richtig?

(1) Wasser wird durch Verdampfen und Kondensieren von gelösten Salzen befreit.

(2) Homogene Flüssigkeitsgemische werden nur einmal destilliert.

(3) Getrennt werden homogene Gemische, bei denen Flüssigkeits- und Dampfphase unterschiedliche Konzentrationen aufweisen.

(4) Wasser bildet mit dem zu destillierenden Stoff ein heterogenes Gemisch mit konstanter Siedetemperatur.

(5) Es wird nur in Apparaten destilliert, die mehrmaliges Verdampfen und Kondensieren ermöglichen.

0467

Welche Aussage über die Wasserdampfdestillation ist *falsch*?

(1) Die Stoffmenge des eingeleiteten Wasserdampfs hat keinen Einfluß auf die Zusammensetzung des übergehenden Dampfgemischs.

(2) Die Apparatur mit dem Gemisch muß so aufgebaut werden, daß spritzende Substanz nicht an den Dampfübergang gelangt.

(3) Das übergehende Dampfgemisch hat bei normalem Luftdruck immer eine Temperatur oberhalb 100 °C.

(4) Der Kolben mit dem Gemisch kann vor dem Einleiten des Wasserdampfs aufgeheizt werden, um zu starke Kondensation des Wasserdampfs zu vermeiden.

(5) Der Kolben mit dem Gemisch muß mit einem Dampfeinleitungsrohr versehen werden.

0468

Eine **feste** Substanz soll durch eine Wasserdampfdestillation gereinigt werden. Welcher Kühler ist am besten geeignet?

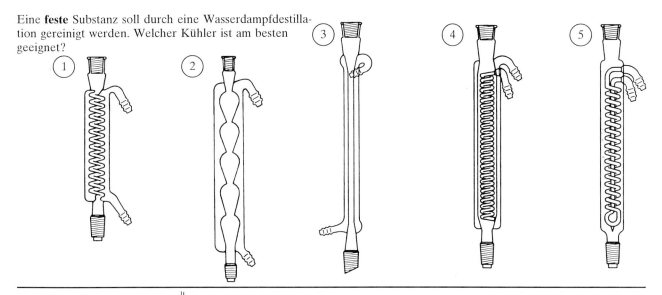

0469

Bild a. Es ist eine Wasserdampfdestillationsapparatur abgebildet. Was ist *falsch* an dieser Apparatur?

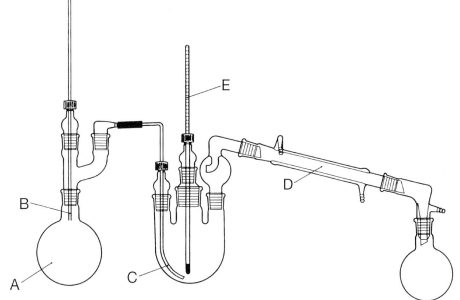

Bild a

① Im Kolben A fehlt ein Thermometer.

② Das Rohr B taucht nicht weit genug ein.

③ Das Rohr C ist zu lang.

④ Der Kühler D muß ein Schlangenkühler sein.

⑤ Das Thermometer E taucht zu tief ein.

0470

Ein Stoff mit der Siedetemperatur ϑ_b = 150 °C soll mit Hilfe einer Wasserdampfdestillation destilliert werden. Wie groß ist die zu erwartende Siedetemperatur?

① 100 °C

② Unter 100 °C

③ Zwischen 100 °C und 150 °C

④ 150 °C

⑤ Über 150 °C

0471

Welches der genannten Trennverfahren kann zur Trennung homogener Mehrstoffsysteme eingesetzt werden?

1. Zentrifugieren
2. Extrahieren
3. Filtrieren
4. Klären
5. Sichten

0472

Aus einem Gemenge mehrerer Feststoffe wird eine Komponente mit einem Lösemittel herausgelöst. Wie bezeichnet man diesen Vorgang?

1. Extrahieren
2. Sublimieren
3. Schmelzen
4. Emulgieren
5. Destillieren

0473

Welche der genannten Anforderungen muß das Lösemittel bei einer Feststoffextraktion unter anderem erfüllen?

1. Großes Lösevermögen
2. Kleiner Dampfdruck
3. Kleine Dichte
4. Große Viskosität
5. Hohe Siedetemperatur

0474

Bei welchem der genannten Verfahren wird die unterschiedliche Löslichkeit eines Feststoffs in einem Lösemittel ausgenutzt?

1. Destillation
2. Rektifikation
3. Absorption
4. Adsorption
5. Extraktion

0475

Welche Eigenschaft der Mischungskomponenten wird bei der Fest-Flüssig-Extraktion ausgenutzt?

1. Unterschiedliche Dichte
2. Unterschiedlicher Schmelzpunkt
3. Unterschiedliche Löslichkeit
4. Unterschiedliche Teilchengröße
5. Unterschiedlicher Siedepunkt

0476

Welcher der genannten Begriffe gehört zur Extraktionstechnik?

1. Raffinat
2. Destillat
3. Kristallisation
4. Mutterlauge
5. Filterkuchen

0477

Welches Gerät dient *nicht* zur Extraktion?

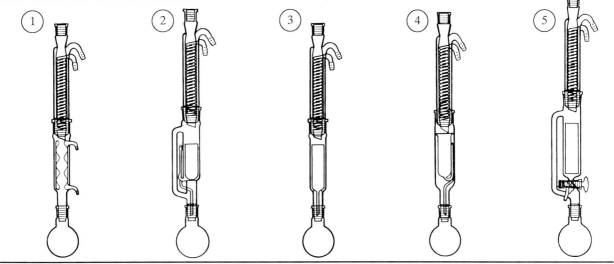

0478

Bild a. Welche Art von Extraktion kann mit der dargestellten Apparatur ausgeführt werden?

1. Extraktion eines Stoffs aus einem Feststoff-Gemisch mit Hilfe eines Gases

2. Extraktion eines Stoffs aus einem Feststoff-Gemisch mit Hilfe einer Flüssigkeit

3. Extraktion eines Stoffs aus einer Flüssigkeit mit Hilfe einer Flüssigkeit kleinerer Dichte

4. Extraktion eines Stoffs aus einer Flüssigkeit mit Hilfe einer Flüssigkeit größerer Dichte

5. Extraktion eines Stoffs aus einer Flüssigkeit mit Hilfe eines Gases

0479

Welche Aussage über die Arbeitsweise einer Flüssig-Flüssig-Extraktion ist richtig?

1. Extraktionsgut und Raffinat werden gemischt, anschließend wird das Gemisch in Extrakt und Raffinat getrennt.

2. Extraktionsgut und Extraktionsmittel werden gemischt, anschließend wird das Gemisch in Extrakt und Raffinat getrennt.

3. Extraktionsgut und Kondensat werden gemischt, anschließend wird das Gemisch in Raffinat und Destillat getrennt.

4. Extraktionsgut und Extraktionsmittel werden gemischt, anschließend wird das Gemisch in Raffinat und Destillat getrennt.

5. Extraktionsmittel und Raffinat werden gemischt, anschließend wird das Gemisch in Raffinat und Destillat getrennt.

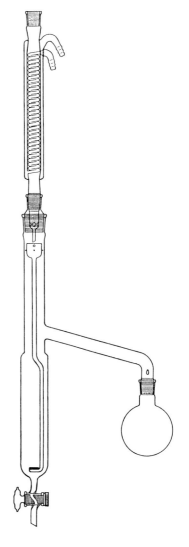

Bild a

0480

Bild a. Welche Aussage über die Arbeitsweise des dargestellten Extraktionsapparates ist *falsch*?

(1) Bei A befindet sich nach Beendigung der Extraktion der Extrakt.

(2) Bei B hebert sich die Flüssigkeit automatisch ab.

(3) Bei C tritt der Dampf des Extraktionsmittels über.

(4) Bei D wird der Dampf des Extraktionsmittels kondensiert.

(5) Bei E wird das Kühlwasser zu- und abgeleitet.

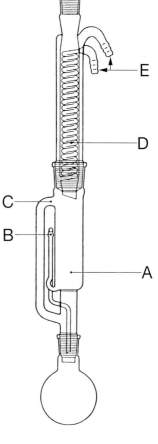

Bild a

0481

In welcher Auswahlantwort ist das Extraktionsverfahren richtig beschrieben?

(1) Absetzen eines Feststoffs durch Einwirkung der Schwerkraft

(2) Anreicherung eines Gases in einer Flüssigkeit

(3) Trennung eines Flüssigkeitsgemischs nach den Siedetemperaturen der Komponenten

(4) Herauslösen eines Bestandteils aus einem Stoffgemisch durch ein Lösemittel

(5) Anreicherung eines Gases an einem Feststoff

0482

Warum wird auch im Gegenstrom extrahiert?

(1) Um einen möglichst guten Wärmeaustausch zu erreichen

(2) Um ein Konzentrationsgefälle aufrecht zu erhalten

(3) Um Druck und Temperatur in der Kolonne konstant zu halten

(4) Um ein Druckgefälle zu erzeugen

(5) Um ein Temperaturgefälle aufrecht zu erhalten

0483

Bei welchem Verfahren wird aus einem flüssigen Mehrstoffsystem eine gewünschte Substanz durch wiederholte Verteilung in zwei Phasen gewonnen?

(1) Desorption

(2) Vakuumdestillation

(3) Wasserdampfdestillation

(4) Gefriertrocknung

(5) Extraktion

0484

Von einer Lösung soll die Dichte bestimmt werden.
Mit welchem Gerät kommt man am schnellsten zum
Ergebnis?

1. Aräometer
2. Überlaufgefäß
3. Hydrostatische Waage
4. Mohr-Westphalsche Waage
5. Pyknometer

0485

Welche Größe kann mit einem Aräometer gemessen
werden?

1. Hydrostatischer Druck
2. Luftdruck
3. Viskosität
4. Dichte von Flüssigkeiten
5. Luftfeuchte

0486

Welche Aussage über das dargestellte Aräometer ist
richtig?

1. Das Bleigewicht ist falsch dargestellt, es befindet
   sich immer nur in der Kugel.
2. Die Abstände auf der Skale müssen gleich sein.
3. Der Dichtebereich ist zu groß.
4. Bei der Skale muß der größte Wert unten stehen.
5. Bei Aräometern wird zur Beschwerung kein Blei
   verwendet.

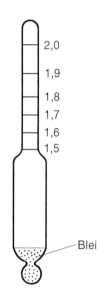

0487

Welche Flüssigkeit besitzt die größte Dichte, wenn die
Spindeln den gleichen Meßbereich haben?

1. Flüssigkeit bei A
2. Flüssigkeit bei B
3. Flüssigkeit bei C
4. Flüssigkeit bei D
5. Flüssigkeit bei E

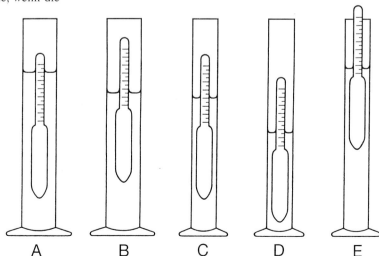

0488

Eine Spindel mit dem Meßbereich 1,000 g/mL bis
1,200 g/mL wird in eine unbekannte Flüssigkeit gegeben.
Dabei taucht die gesamte Spindel unter. Welche Aussage
zur Flüssigkeitsdichte ist richtig?

(1) Die Dichte der Flüssigkeit liegt zwischen
       1,000 g/mL und 1,200 g/mL.

(2) Die Dichte der Flüssigkeit ist größer als
       1,200 g/mL.

(3) Die Dichte der Flüssigkeit ist kleiner als
       1,000 g/mL.

(4) Die Dichte der Flüssigkeit ist genau 1,000 g/mL.

(5) Die Dichte der Flüssigkeit ist genau 1,200 g/mL.

0489

Welche Methode bzw. welches Gerät kann *nicht* zur
Bestimmung der Dichte von festen Stoffen verwendet
werden?

(1) Aräometer

(2) Schwebemethode

(3) Hydrostatische Waage

(4) Pyknometer

(5) Überlaufmethode

0490

An welcher Waage kann bei der Messung direkt der Wert
für die gefundene Dichte abgelesen werden?

(1) Präzisionswaage

(2) Analysenwaage

(3) Oberschalige Waage

(4) Mohr-Westphalsche Waage

(5) Mikrowaage

0491

Bei welchem Gerät bzw. welcher Methode für die Dichte-
bestimmung wird das Prinzip nach Archimedes *nicht*
angewendet?

(1) Aräometer

(2) Mohr-Westphalsche Waage

(3) Pyknometer

(4) Hydrostatische Waage

(5) Schwebemethode

0492

In Wasser ist ein Salz gelöst. Welche Kurve zeigt die
Abhängigkeit der Dichte von dem Salz-Massenanteil
dieser Lösung?

(1) Kurve A

(2) Kurve B

(3) Kurve C

(4) Kurve D

(5) Kurve E

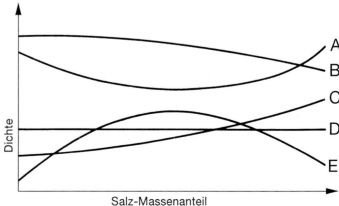

0493

Welchen Massenanteil *w* (Salz) in % hat nach dem nebenstehenden Diagramm eine Salzlösung, wenn die Dichte 1,070 g/mL beträgt?

① 12,0 %

② 12,5 %

③ 13,5 %

④ 15,0 %

⑤ 16,0 %

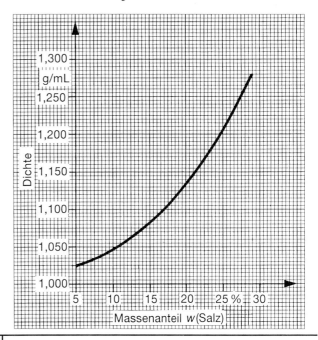

0494

Welche Eigenschaften sollten Flüssigkeiten unbedingt besitzen, die als Thermometerfüllung verwendet werden?

① Geringe Kohäsion

② Konstante Wärmeausdehnung

③ Hohen Siedepunkt

④ Niedrigen Erstarrungspunkt

⑤ Große Dichte

0495

Welchen Meßbereich kann ein normales Quecksilber-Thermometer haben?

① – 50 °C bis 600 °C

② – 30 °C bis 350 °C

③ – 70 °C bis 50 °C

④ –120 °C bis 360 °C

⑤ ab 600 °C

0496

Welchen meßtechnischen Vorteil hat ein Thermometer mit kleinem Quecksilbergefäß gegenüber einem solchen mit großer Quecksilbermenge?

① Es hat eine kürzere Skale.

② Es läßt sich genauer ablesen.

③ Es können Temperaturen über 1 500 °C gemessen werden.

④ Es ist keine Fadenkorrektur erforderlich.

⑤ Es spricht auf Temperaturänderungen schneller an.

0497

Welche der genannten Temperatur-Meßeinrichtungen kann zur Messung der Temperatur –150 °C verwendet werden?

① Quecksilber-Thermometer

② Pentan-Thermometer

③ Temperatur-Meßfarben

④ Alkohol-Thermometer

⑤ Segerkegel

0498

Welches Thermometer enthält *kein* Quecksilber als
Thermometerflüssigkeit?

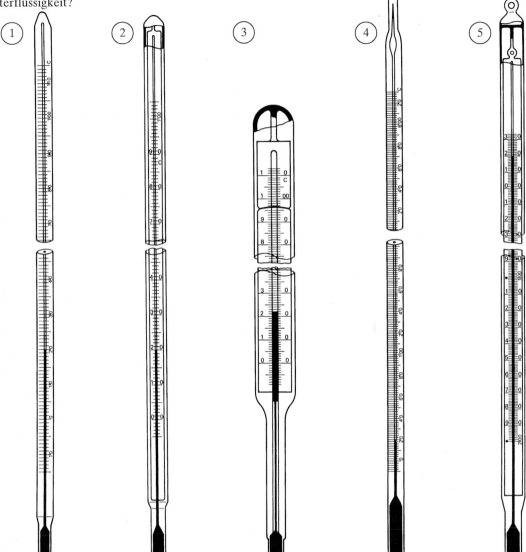

0499

Womit muß ein Thermometer gefüllt sein, wenn eine
Temperatur von 500 °C gemessen werden soll?

1 Quecksilber mit Stickstoff unter Druck

2 Toluol mit Farbstoff

3 Pentan mit Farbstoff

4 Ethanol mit Farbstoff

5 Quecksilber

0500

Warum werden bestimmte Quecksilber-Thermometer mit
Stickstoff unter Druck gefüllt?

1 Um die Empfindlichkeit des Thermometers zu
   erhöhen

2 Um die Viskosität der Thermometerfüllung zu
   erhöhen

3 Um Temperaturen unter –50 °C messen zu können

4 Um den Meßbereich zu vergrößern

5 Um die Anzeigegenauigkeit des Thermometers zu
   erhöhen

0501

Welches Thermometer enthält Stickstoff in der Kapillare?

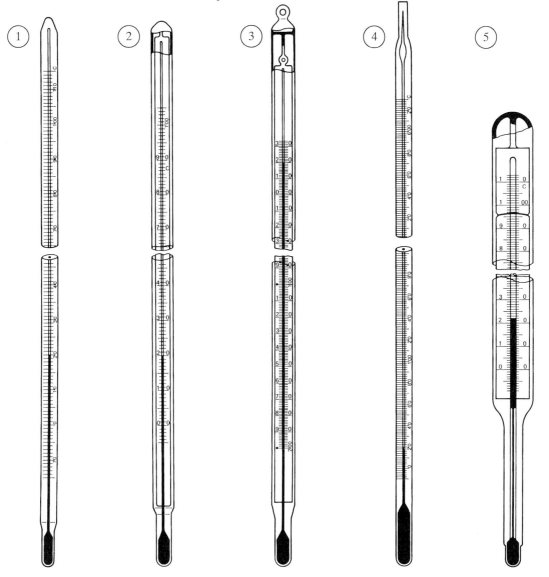

0502

Welches Thermometer dient ausschließlich zur Messung
von Temperatur-Differenzen?

1.   Stock-Thermometer

2.   Stab-Thermometer

3.   Beckmann-Thermometer

4.   Pentan-Thermometer

5.   Kontakt-Thermometer

0503

Welches Thermometer ist zur Messung der Temperatur
einer Flüssigkeit *nicht* geeignet?

1.   Flüssigkeitsthermometer

2.   Widerstandsthermometer

3.   Strahlungspyrometer

4.   Thermoelement

5.   Beckmann-Thermometer

0504

Bild a. Welches Thermometer ist in dem Bild dargestellt?

① Thermometer mit Normschliff

② Glasstab-Thermometer

③ Quecksilber-Thermometer mit N_2-Füllung über dem Quecksilber

④ Einschluß-Thermometer

⑤ Stock-Thermometer

Bild a

0505

Welches Thermometer hat neben der Temperatur-Messung noch eine andere Aufgabe?

① Pentan-Thermometer

② Alkohol-Thermometer

③ Kontakt-Thermometer

④ Einschluß-Thermometer

⑤ Kälte-Thermometer

0506

Welches Thermometer zeigt das Bild?

① Kontakt-Thermometer

② Kälte-Thermometer

③ Beckmann-Thermometer

④ Maximum-Minimum-Thermometer

⑤ Gas-Thermometer

0507

Welches der genannten Temperaturmeßgeräte hat den kleinsten Meßbereich?

① Elektrisches Widerstands-Thermometer

② Quecksilber-Thermometer

③ Alkohol-Thermometer

④ Thermoelement

⑤ Bimetall-Thermometer

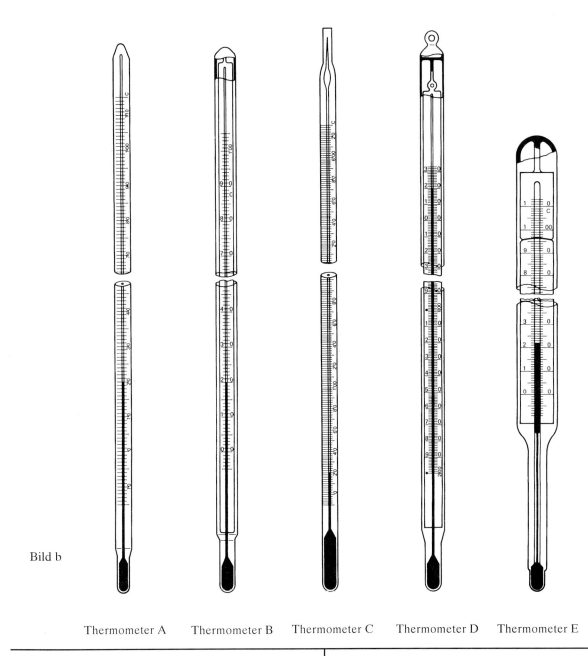

Bild b

Thermometer A   Thermometer B   Thermometer C   Thermometer D   Thermometer E

0508

Bild b. Welches Thermometer ist ein Glasstab-Thermometer für hohe Temperaturen?

- (1) Thermometer A
- (2) Thermometer B
- (3) Thermometer C
- (4) Thermometer D
- (5) Thermometer E

0509

Bild b. Welches Thermometer ist ein Einschluß-Stock-Thermometer?

- (1) Thermometer A
- (2) Thermometer B
- (3) Thermometer C
- (4) Thermometer D
- (5) Thermometer E

0510

Welches Temperaturmeßgerät beruht auf der Wärmeausdehnung?

1. Segerkegel

2. Thermoelement

3. Bimetall-Thermometer

4. Widerstands-Thermometer

5. Strahlungspyrometer

0511

Welches Temperaturmeßgerät funktioniert *nicht* nach dem Prinzip der Wärmeausdehnung?

1. Thermoelement

2. Quecksilber-Thermometer

3. Gasdruck-Thermometer

4. Bimetall-Thermometer

5. Pentan-Thermometer

0512

Welche Voraussetzungen müssen erfüllt sein, wenn mit Hilfe eines Thermoelements reproduzierbare Temperaturmessungen durchgeführt werden sollen?

1. Als Thermoelement muß eine Metallkombination von Platin und Platin-Rhodium verwendet werden, weil alle anderen Thermopaare ungenau arbeiten.

2. Die Leitungen vom Thermoelement zum Meßinstrument müssen aus Kupferdraht bestehen und möglichst kurz sein.

3. Bei allen Messungen muß die gleiche Meßanordnung benutzt werden, ferner muß die Bezugsstelle (Enden der Thermodrähte oder Ausgleichthermoelemente) auf konstanter Temperatur gehalten werden.

4. Es muß ein amtlich geeichtes Thermoelement verwendet werden, dem ein entsprechender Eichschein beigefügt ist.

5. Das Millivoltmeter muß einen hochohmigen Eingang und eine Skalenteilung in °C besitzen.

0513

Nach welchem Meßprinzip arbeitet ein Thermoelement?

1. Chemische Veränderung

2. Änderung des elektrischen Widerstands

3. Änderung der thermoelektrischen Spannung

4. Wärmeausdehnung

5. Änderung der Glühfarbe

0514

Welches Temperaturmeßgerät zeigt das Bild?

1. Thermoelement

2. Widerstands-Thermometer

3. Pyrometer

4. Bimetall-Thermometer

5. Strahlungspyrometer

Meßpunkt
Anschluß der Meßleitungen

0515

Auf welcher physikalischen Erscheinung beruht die Wirkungsweise von Widerstands-Thermometern?

1. Abhängigkeit des elektrischen Widerstands vom Widerstandswerkstoff

2. Abhängigkeit der elektrischen Leitfähigkeit von der Temperatur

3. Wärmeleitung der Metalle

4. Entstehen einer Spannung bei der Erwärmung von zwei zusammengelöteten Metallen

5. Wärmeausdehnung der Metalle

0516

Die elektrische Leitfähigkeit der Metalle ist von der Temperatur abhängig. Bei welchem Temperaturmeßgerät wird diese Erscheinung ausgenutzt?

1. Widerstands-Thermometer

2. Kontakt-Thermometer

3. Bimetall-Thermometer

4. Thermoelement

5. Pyrometer

0517

Welches Temperaturmeßgerät erfordert zum Betrieb eine Spannungsquelle?

1. Thermoelement

2. Gasdruckthermometer

3. Bimetallthermometer

4. Flüssigkeitsthermometer

5. Widerstandsthermometer

0518

Welches Temperaturmeßgerät ermöglicht eine Fernanzeige?

1. Kontakt-Thermometer

2. Beckmann-Thermometer

3. Alkohol-Thermometer

4. Quecksilber-Thermometer

5. Widerstands-Thermometer

0519

Welches Temperaturmeßgerät zeigt das Bild?

1. Widerstands-Thermometer

2. Pyrometer

3. Thermoelement

4. Kontakt-Thermometer

5. Strahlungspyrometer

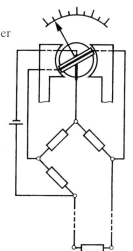

0520

In welchem der folgenden Fälle spricht man von „digitaler Anzeige"?

1. Wenn der Meßwert durch Ziffern angezeigt wird

2. Wenn der Meßwert durch einen Zeiger angezeigt wird

3. Wenn der Meßwert fortlaufend „aufgeschrieben" wird

4. Wenn der Meßwert an einer Skala abgelesen wird

5. Wenn ein Meßwert nur zu bestimmten Zeiten, z.B. alle 60 s, angezeigt wird

0521

Welche Aussage über digitale Meßinstrumente im Vergleich zu analogen Meßinstrumenten ist richtig?

(1) Der Meßfehler ist grundsätzlich kleiner als bei analogen Meßinstrumenten.

(2) Mit Hilfe von digitalen Meßinstrumenten sind Trendmessungen besser darzustellen.

(3) Digitale Meßinstrumente sind besonders zur Darstellung rasch veränderlicher Meßwerte geeignet.

(4) Die gleichzeitige Beobachtung und Kontrolle mehrerer digitaler Meßinstrumente ist einfacher als bei analogen Meßinstrumenten.

(5) Bei digitaler Meßwertdarstellung ist die Wahrscheinlichkeit von Ablesefehlern geringer.

0522

Welchen Vorteil haben digital anzeigende Instrumente verglichen mit Analoginstrumenten?

(1) Digitalinstrumente sind stets viel empfindlicher und genauer.

(2) Digitalinstrumente lassen sich rascher und auch von ungeübtem Personal ablesen.

(3) Digitalinstrumente sind für die Überwachung vieler Werte durch eine Aufsichtsperson besser geeignet.

(4) Digitalinstrumente sind für die Beobachtung von rasch ablaufenden Vorgängen besser geeignet.

(5) Digitalinstrument sind stets für die Messung von viel höheren Spannungen und Strömen geeignet.

0523

Worüber gibt der Schmelzpunkt einer bekannten Substanz Aufschluß?

(1) Über die Reinheit der Substanz

(2) Über die Dichte der Substanz

(3) Über die Beständigkeit der Substanz

(4) Über die chemische Zusammensetzung der Substanz

(5) Über den Siedepunkt der Substanz

0524

Welche Maßnahme bei der Durchführung einer Schmelzpunktbestimmung ist *falsch*?

(1) Das Röhrchen muß etwa 2 mm bis 3 mm hoch gefüllt sein.

(2) Die Temperatur soll um jeweils 10 °C pro Minute gesteigert werden.

(3) Sobald die Substanz geschmolzen ist, wird am Thermometer die Temperatur abgelesen.

(4) Um die Substanz an den Boden des Schmelzpunktröhrchens zu bringen, läßt man dieses mehrmals durch ein etwa 50 cm langes Rohr auf den Tisch fallen.

(5) Es ist zweckmäßig, beim erstmaligen Gebrauch der Apparatur diese mittels einer analysenreinen Substanz zu kalibrieren.

0525

Welche Aussage über die Bestimmung des Mischschmelzpunkts ist *falsch*?

(1) Nach der Methode des Mischschmelzpunkts kann die Identität eines Stoffes bewiesen werden.

(2) Die Schmelzpunkte der Untersuchungssubstanz, der vermuteten Substanz und des Gemisches müssen einzeln bestimmt werden.

(3) Sind alle drei Schmelzpunkte gleich, so sind Untersuchungssubstanz und vermutete Substanz gleiche Stoffe.

(4) Durch Beimengungen von Fremdstoffen zu einer Substanz tritt in der Regel eine Erniedrigung des Schmelzpunkts ein.

(5) Liegt der Mischschmelzpunkt tiefer als die Schmelzpunkte von Untersuchungssubstanz und vermuteter Substanz, so sind die Substanzen identisch.

0526

Warum führt man eine Bestimmung des Mischschmelzpunkts durch?

(1) Um zu erkennen, ob zwei Substanzen mit demselben Schmelzpunkt chemisch identisch sind

(2) Um zu erkennen, ob zwei Substanzen mit verschiedenen Schmelzpunkten als Mischung denselben Schmelzpunkt haben

(3) Um zu erkennen, ob zwei Substanzen mit verschiedenen Schmelzpunkten als Mischung einen höheren Schmelzpunkt als beide Ausgangssubstanzen haben

(4) Um zu erkennen, ob zwei Substanzen als Mischung eine homogene Schmelze bilden

(5) Um zu erkennen, wie stark der Schmelzpunkt einer Mischung aus zwei Substanzen mit verschiedenen Schmelzpunkten erniedrigt wird

0527

Bei einer Schmelzpunkt-Bestimmung wurde gemessen:
Stoff A: $\vartheta_m = 103 \ °C$
Stoff B: $\vartheta_m = 103,5 \ °C$
Mischung AB: $\vartheta_m = \ \ 93 \ °C$.
Welche Aussage ist richtig?

(1)   Stoff A und Stoff B sind identisch.

(2)   Stoff A und Stoff B sind nicht identisch.

(3)   Stoff A ist verunreinigt.

(4)   Stoff B ist verunreinigt.

(5)   Stoff A und Stoff B sind identisch, jedoch ist
      Stoff A geringfügig verunreinigt, Stoff B nicht.

0528

Ein Stoff ist geringfügig verunreinigt. Welche Aussage
über den Schmelzpunkt des verunreinigten Stoffs verglichen mit dem des reinen Stoffs ist richtig?

(1)   Er ist niedriger.

(2)   Er ist höher.

(3)   Er ist gleich hoch.

(4)   Er ist je nach Art der Verunreinigungen höher
      oder niedriger.

(5)   Er ist nicht mehr bestimmbar.

0529

Zur Aufstellung eines Schmelzdiagramms von zwei
mischbaren Metallen erhält man die nebenstehenden
idealisierten Abkühlungskurven. Welche Abkühlungs-
kurve gilt für das Eutektikum?

(1)   Kurve A

(2)   Kurve B

(3)   Kurve C

(4)   Kurve D

(5)   Kurve E

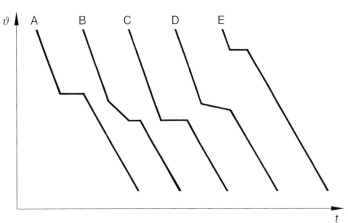

0530

Wo liegt in der graphischen Darstellung die Erstarrungs-
temperatur des reinen Stoffs?

(1)   Bei A

(2)   Bei B

(3)   Bei C

(4)   Bei D

(5)   Bei E

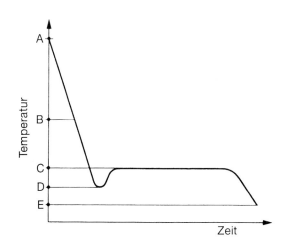

0531

Welche Aussage über die Siedetemperatur ist richtig?

(1) Die Siedetemperatur ist nicht vom Druck abhängig.

(2) Die Siedetemperatur einer Flüssigkeit wird durch Zugabe einer löslichen Verunreinigung nicht beeinflußt.

(3) Fehlen bei einer Angabe der Siedetemperatur weitere Daten, so kann man davon ausgehen, daß sie sich auf den Druck von 100 mbar bezieht.

(4) Die Siedetemperatur ist die Temperatur, bei der der Dampfdruck einer Flüssigkeit gleich dem über der Flüssigkeit befindlichen Druck ist.

(5) Die Siedetemperatur einer jeden Flüssigkeit hängt stark von ihrer Schmelztemperatur ab, sie liegt etwa 100 °C darüber.

0532

Wie ist der Siedebeginn bei Siedeanalysen richtig definiert?

(1) Als Siedebeginn gilt die Temperatur, bei der die Flüssigkeit Dampfblasen entwickelt.

(2) Als Siedebeginn gilt die Temperatur, bei der der erste Tropfen in die Vorlage fällt.

(3) Als Siedebeginn gilt die Temperatur, bei der der Dampf in den Kühler übertritt.

(4) Als Siedebeginn gilt die Temperatur, bei der im Kühler das erste Kondensat auftritt.

(5) Als Siedebeginn gilt die Temperatur, bei der der erste Tropfen vom Thermometer in die Flüssigkeit zurückfällt.

0533

Welche Angabe über die Siedeanalyse ist *falsch*?

(1) Das Ergebnis der Siedeanalyse ist von den Versuchsbedingungen abhängig.

(2) Aus der Siedeanalyse erhält man Aufschluß über die Anteile einer Flüssigkeit, die in bestimmten Temperaturintervallen überdestillieren.

(3) Die Siedeanalyse kann in jeder beliebigen Destillationsapparatur durchgeführt werden.

(4) Für die Ausführung einer Siedeanalyse werden standardisierte Geräte verwendet.

(5) Die Versuchsbedingungen sind bei der Siedeanalyse genau vorgeschrieben.

0534

Wie kann die Siedetemperatur einer Flüssigkeit erhöht werden?

(1) Durch weiteres Erhitzen

(2) Durch schnelles Heizen

(3) Durch sehr schnelles Rühren

(4) Durch Erniedrigen des Drucks im Gasraum über der Flüssigkeit

(5) Durch Erhöhen des Drucks im Gasraum über der Flüssigkeit

0535

Die Bilder zeigen das Quecksilbervorratsgefäß des Thermometers in einem Destillationsaufsatz eingebaut. Welches Bild gibt die richtige Höhe des Quecksilbervorratsgefäßes im Destillationsaufsatz wieder?

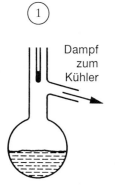

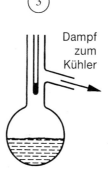

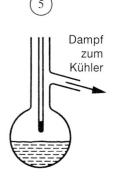

0536

Welche Vorschriften zum Arbeitsschutz werden *nicht* vom Staat, sondern von den Berufsgenossenschaften erlassen?

(1) Vorschriften zum Jugendarbeitsschutz

(2) Vorschriften zum Mutterschutz

(3) Vorschriften zur Unfallverhütung

(4) Vorschriften zur Arbeitszeit

(5) Vorschriften zur Gestaltung der Arbeitsstätten

0537

Welche Maßnahmen gehören *nicht* zum Arbeitsschutz?

Maßnahmen

(1) zum Schutz besonders schutzbedürftiger Arbeitnehmergruppen

(2) zur Verhütung von Arbeitsunfällen

(3) zur Verhütung arbeitsbedingter Erkrankungen

(4) zur Sicherung von Arbeitsplätzen

(5) zur menschengerechter Gestaltung der Arbeit und der Arbeitsstätten

0538

Welche Institution hat den gesetzlichen Auftrag, die Einhaltung der Arbeitsschutzvorschriften zu überwachen?

(1) Arbeitsamt

(2) Polizei

(3) Gewerbeaufsichtsamt

(4) Arbeitgeberverband

(5) Industrie- und Handelskammer

0539

Welche Behauptung über die Aufgaben der Gewerbeaufsichtsämter ist richtig?

(1) Die Gewerbeaufsichtsämter erlassen Unfallverhütungsvorschriften.

(2) Die Gewerbeaufsichtsämter sind Träger der gesetzlichenUnfallversicherung.

(3) Die Gewerbeaufsichtsämter sind der Träger der gesetzlichen Krankenversicherung.

(4) Die Gewerbeaufsichtsämter ernennen die Sicherheitsfachkräfte in den Betrieben.

(5) Die Gewerbeaufsichtsämter kontrollieren die Einhaltung der Arbeitsschutzvorschriften.

0540

Was regelt unter anderem das Arbeitssicherheitsgesetz?

(1) Die Maßnahmen zur Verhinderung und Bekämpfung von Bränden in Betrieben

(2) Die Sicherung der Arbeitsplätze der Schwerbehinderten

(3) Die Einsetzung von Sicherheitsbeauftragten in Betrieben mit mehr als 51 Beschäftigten

(4) Die rechtliche Stellung der Berufsgenossenschaften und der Gewerbeaufsichtsämter

(5) Die Bestellung von Fachkräften für Arbeitssicherheit durch die Arbeitgeber

0541

Nach dem Arbeitssicherheitsgesetz hat der Arbeitgeber Betriebsärzte und Fachkräfte für Arbeitssicherheit zu bestellen.
Was gehört *nicht* zu den Zielen dieser gesetzlichenVorschrift?

(1) Die Leistungsfähigkeit der Arbeitnehmer soll erhöht und damit die Arbeitsplätze gesichert werden.

(2) Die gesicherten arbeitsmedizinischen Erkenntnisse sollen verwirklicht werden.

(3) Die den Arbeitsschutz dienenden Vorschriften sollen den besonderen Betriebsverhältnissen entsprechend angewendet werden.

(4) Die dem Arbeitsschutz und der Unfallverhütung dienenden Maßnahmen sollen in den Betrieben einen hohen Wirkungsgrad erreichen.

(5) Die gesicherten sicherheitstechnischen Erkenntnisse der Unfallverhütung sollen in den Betrieben umgesetzt werden.

0542

Für den Betriebsrat ergeben sich auf dem Gebiet der Arbeitssicherheit aus dem Betriebsverfassungsgesetz und dem Arbeitssicherheitsgesetz zahlreiche Mitbestimmungs- und Mitwirkungsrechte. Welches Recht steht dem Betriebsrat jedoch *nicht* zu?

1. Mitbestimmungsrecht bei der Bestellung und Abberufung der Fachkräfte für Arbeitssicherheit

2. Mitbestimmungsrecht über die Planung von technischen Anlagen und Arbeitsverfahren

3. Mitwirkungsrecht im Arbeitsschutzausschuß

4. Mitbestimmungsrecht bei der Grundsatzentscheidung über die betriebliche Regelung der sicherheitstechnischen und arbeitsmedizinischen Betreuung

5. Teilnahmerecht an der Betriebsbegehung durch Technische Aufsichtsbeamte der Berufsgenossenschaft.

0543

Welche Aussage über die Aufgaben des nach §719 der Reichsversicherungsordnung vom Unternehmer zu bestellenden Sicherheitsbeauftragten ist *falsch*?

Der Sicherheitsbeauftragte

1. soll vor Ort seine Kollegen zu sicherem Arbeitsverhalten veranlassen.

2. soll seinen unmittelbaren Vorgesetzten bei der Durchführung des Arbeitsschutzes unterstützen.

3. ist in dem ihm übertragenen Arbeitsbereich für die gesamte Arbeitssicherheit rechtlich voll verantwortlich.

4. soll seine Kollegen und seinen Vorgesetzten auf Mängel in der Anwendung und im Zustand von Sicherheitseinrichtungen hinweisen.

5. soll sich in seinem Arbeitsbereich und den seiner Kollegen vom Vorhandensein und der ordnungsgemäßen Benutzung der vorgeschriebenen Schutzeinrichtungen fortlaufend überzeugen.

0544

Wer erläßt die für Laboranten oder Betriebe der chemischen Industrie geltenden Richtlinien und Unfallverhütungsvorschriften?

1. Der Technische Überwachungsverein

2. Die Berufsgenossenschaft der chemischen Industrie

3. Das Gewerbeaufsichtsamt

4. Die betriebsinterne Sicherheitsüberwachung

5. Der Betriebsleiter

0545

Was gehört *nicht* zu den Aufgaben der Berufsgenossenschaften?

1. Erlaß von Unfallverhütungsvorschriften

2. Beratung der Betriebe auf dem Gebiet der Arbeitssicherheit

3. Prüfung der Kraftfahrzeuge der Versicherten auf Verkehrssicherheit

4. Kontrolle der Arbeitssicherheit in den Betrieben durch technische Aufsichtsbeamte

5. Ausbildung und Weiterbildung von Fachkräften für Arbeitssicherheit und Sicherheitsbeauftragte

0546

Wie werden die Mittel zur Finanzierung einer Berufsgenossenschaft aufgebracht?

1. Durch jährliche Umlage der Aufwendungen der Berufsgenossenschaft auf die Mitgliedsbetriebe

2. Durch Beiträge der Arbeitgeber und der Arbeitnehmer sowie durch Zuschüsse aus dem Bundeshaushalt

3. Durch Zahlungen aus dem Haushalt des Bundes

4. Durch Einnahmen aus dem Verkauf von Unfallverhütungsvorschriften und Gebühren für Beratung und Schulung

5. Durch Zahlungen der Rentenversicherungsträger und der Bundesanstalt für Arbeit

0547

Ein Gerät trägt das nebenstehende Zeichen. Welche Aussage über das so gekennzeichnete Gerät ist richtig?

1. Das Gerät wurde außerhalb Deutschlands in einem EU-Land hergestellt.

2. Das Gerät wurde von einer amtlich zuglassenen Prüfstelle eines EU-Lands geprüft.

3. Das Gerät wurde außerhalb der EU hergestellt.

4. Das Gerät genügt den nach EU-Recht vorgeschriebenen grundlegenden Sicherheitsanforderungen.

5. Das Gerät verfügt über einen hochwertigen Qualitäts- und Sicherheitsstandard.

0548

Welche Aussage über die Unfallverhütungsvorschrift „Allgemeine Vorschriften" (VBG1) ist *falsch*?

① Die VBG1 ist die maßgebende Grundlage für die betriebliche Sicherheitsarbeit.

② Die VBG1 ist die Basis-Unfallverhütungsvorschrift, auf der alle anderen Unfallverhütungsvorschriften aufbauen.

③ Die VBG1 ist branchenunabhängig angelegt.

④ Die Vorschriften der VBG1 gelten für alle Bereiche und Betriebe der Wirtschaft.

⑤ Die VBG1 gilt nur für die Betriebe der Metallindustrie und des metallverarbeitenden Handwerks.

0549

Was enthält die Unfallverhütungsvorschrift VBG1 *nicht*?

① Vorschriften über die Regelung der Arbeitszeiten

② Vorschriften über die zur Verfügungstellung persönlicher Schutzausrüstungen

③ Vorschriften über die Verkehrswege in Gebäuden

④ Vorschriften über Rettungswege und Notausgänge

⑤ Vorschriften über den Umgang mit Gefahrstoffen

0550

Nach der Unfallverhütungsvorschrift VBG1 hat der Unternehmer dieVersicherten über die bei ihrer Tätigkeit auftretenden Gefahren vor Beginn der Beschäftigung und danach in angemessenen Zeitabständen zu unterweisen. Welchen Zeitabstand erachtet dieVBG1 für „angemessen"?

① Mindestens einmal monatlich

② Mindestens einmal alle drei Monate

③ Mindestens einmal alle sechs Monate

④ Mindestens einmal jährlich

⑤ Mindestens einmal alle zwei Jahre

0551

Welche Aussage über die Verantwortung für die Arbeitssicherheit in einem Unternehmen ist *falsch*?

① Die oberste Verantwortung (die Gesamt-Verantwortung) trägt derUnternehmer.

② Jeder Vorgesetzte trägt im Rahmen seines Kompetenzbereichs Verantwortung für die Arbeitssicherheit.

③ Der Unternehmer kann die oberste Verantwortung für die Arbeitssicherheit auf eine Fachkraft für Arbeitssicherheit übertragen.

④ Der Unternehmer kann andere Personen in die Verantwortung für die Arbeitssicherheit einbeziehen.

⑤ Die Versicherten tragen insofern Verantwortung für die Arbeitssicherheit, daß sie alle der Arbeitssicherheit dienenden Maßnahmen zu unterstützen haben.

0552

Was gehört *nicht* zu den Grundpflichten des Unternehmers, die er auf dem Gebiet der Arbeitssicherheit zu erfüllen hat?

① Alle für die Arbeitssicherheit erforderlichen organisatorischenMaßnahmen treffen

② Die für die Einrichtungen zur Arbeitssicherheit erforderlichen Geldmittel bereitstellen.

③ Allen Mitarbeitern die einschlägigen Arbeitsschutz- und Unfallverhütungsvorschriften während der Dauer des Beschäftigungsverhältnisses leihweise aushändigen.

④ Gegebene Anweisungen für die Arbeitssicherheit überwachen.

⑤ Regelungen und Anweisungen zur Durchführung von Maßnahmen zur Arbeitssicherheit treffen.

0553

In der Unfallverhütungsvorschrift VBG1 sind auch die Pflichten der Versicherten aufgeführt. Welche Behauptung über die Pflichten der Versicherten ist *falsch*?

Die Versicherten sind verpflichtet

① Weisungen des Unternehmers zum Zwecke der Unfallverhütung zu befolgen.

② die zur Verfügung gestellten persönlichen Schützausrüstungen zu benutzen.

③ Gefahrstoffe, die nicht einwandfrei gekennzeichnet sind, unverzüglich dem Vorgesetzten zu melden.

④ sicherheitstechnische Mängel an Einrichtungen unverzüglich zu beseitigen oder sofern ihnen das nicht möglich ist, dem Vorgesetzten zu melden.

⑤ auch sicherheitswidrige Weisungen der Vorgesetzten zu befolgen.

0554

Ein Arbeitnehmer verstößt wiederholt gegen sicherheitstechnische Weisungen des Arbeitgebers bzw. gegen Unfallverhütungsvorschriften. Mit welcher Maßnahme darf der Arbeitgeber *nicht* reagieren?

Der Arbeitgeber darf je nach Schwere der Verstöße

① den Arbeitnehmer abmahnen.

② den Arbeitnehmer fristlos oder ordentlich kündigen.

③ den Arbeitnehmer die Entgeltfortzahlung verweigern.

④ dem Arbeitnehmer ein Bußgeld auferlegen.

⑤ den Arbeitnehmer innerbetrieblich versetzen.

0555

Wie hoch ist etwa der prozentuale Anteil der Arbeitsunfälle, die beim innerbetrieblichen Transport vorkommen, an der Gesamtzahl aller Arbeitsunfälle?

① 3 %

② 11%

③ 25%

④ 30%

⑤ 45%

0556

Welches Körperteil ist beim unsachgemäßen Heben von Lasten am meisten gefährdet?

① Fußgelenke

② Handgelenke

③ Bauchmuskulatur

④ Kniegelenke

⑤ Wirbelsäule

0557

Beim manuellen Heben von Lasten sind aus gesundheitlichen Gründen einige Vorsichtsmaßnahmen zu beachten. Welche Maßnahme gehört *nicht* dazu?

① Kopf möglichst hoch halten.

② Last möglichst mit vorgebeugtem Oberkörper anheben.

③ Last möglichst ruckfrei anheben.

④ Wirbelsäule möglichst senkrecht halten.

⑤ Eigene Körperkraft selbstkritisch einschätzen.

0558

Welche Vorgehensweise beim manuellen Transport einer Last ist aus Gründen der Arbeitssicherheit *falsch*?

Beim Transport

① möglichst aufrecht gehen.

② vor dem Körper auf freie Sicht achten.

③ unabhängig vom Zustand der Wegoberfläche stets den kürzesten Weg gehen.

④ schwerer Körper Schutzschuhe tragen.

⑤ scharfkantiger und glatter Körper Handschuhe tragen.

0559

Welche Aussage über das Lagern von Transportstücken auf markierten Fahrwegen in Hallen ist richtig?

① Sie dürfen dort gelagert werden, wenn der verbleibende Verkehrsweg ausreichend breit ist.

② Sie dürfen dort auch kurzfristig nicht gelagert werden.

③ Sie dürfen dort gelagert werden, wenn Warnschilder in ausreichendem Abstand aufgestellt werden.

④ Sie dürfen dort gelagert werden, wenn sie die Sicht nicht versperren.

⑤ Sie dürfen dort kurzfristig abgestellt werden.

0560

Die Unfallverhütungsvorschriften schreiben für bestimmte Arbeitsplätze die Anbringung von Sicherheitszeichen vor. Die Art des Sicherheitszeichens kann man bereits an seiner geometrischen Form und seiner Farbe erkennen. Unter welchem Sicherheitszeichen ist die Art richtig angegeben?

①
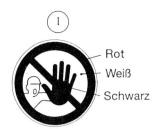
— Rot
— Weiß
— Schwarz

Gebotszeichen

②

— Schwarz
— Gelb

Warnzeichen

③
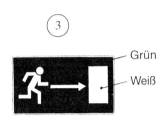
— Grün
— Weiß

Gebotszeichen

④
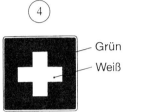
— Grün
— Weiß

Zusatzzeichen

⑤
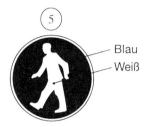
— Blau
— Weiß

Verbotszeichen

0561

Die Unfallverhütungsvorschriften enthalten Verbots-, Gebots-, Warn- und Rettungszeichen. In welcher Zeile der Tabelle sind die Bilder den Begriffen richtig zugeordnet?

Bild 1

Bild 2

	Verbots-zeichen	Gebots-zeichen	Warn-zeichen	Rettungs-zeichen
①	Bild 4	Bild 2	Bild 1	Bild 3
②	Bild 1	Bild 3	Bild 2	Bild 4
③	Bild 2	Bild 3	Bild 1	Bild 4
④	Bild 3	Bild 1	Bild 2	Bild 4
⑤	Bild 2	Bild 4	Bild 3	Bild 1

Bild 3

Bild 4

0562

Wovon hängt die Wirksamkeit der nach den Unfallverhütungsvorschriften anzubringenden Sicherheitszeichen (VBG125) vor allem ab?

① Von der Größe der Sicherheitszeichen

② Von einer umfassenden und in angemessenen Zeitabständen wiederholten Unterweisung der Versicherten über die Bedeutung der Sicherheitszeichen

③ Von der richtigen Wahl der Sicherheitsfarbe

④ Vom Anbringungsort und dem Zustand der Sicherheitszeichen

⑤ Vom Werkstoff, der Größe und der dauerhaften Montage der Sicherheitszeichen

0563

Welche Bedeutung hat das abgebildete Sicherheitszeichen? In der Praxis sind Rand- und Querstreifen rot.

① Wasserentnahme in offenen Behältern verboten

② Wasserentnahme verboten

③ Wasserentnahme nur in kleinen Mengen erlaubt

④ Kein Trinkwasser

⑤ Flüssigkeitsentnahme nur in griffsicheren Henkel-Behältern erlaubt

0564

Unter welchem Verbotszeichen
steht eine *falsche* Erklärung?

Feuer, offenes Licht und
Rauchen verboten

Verbot für Personen
mit Herzschrittmacher

Zutritt für Unbefugte
verboten

Ausschütten brennbarer
Flüssigkeiten verboten

Nicht schalten

0565

Die Unfallverhütungsvorschriften
schreiben für bestimmte Arbeitsplätze die Anbringung von Verbots-,
Warn-, Gebots- und Rettungszeichen
vor. Welches Bild zeigt ein Warnzeichen?

0566

Unter welchem Warnzeichen ist die
Bedeutung *falsch* angegeben?

Warnung vor einer
Gefahrenstelle

Warnung vor giftigen
Stoffen

Warnung vor feuer-
gefährlichen Stoffen

Warnung vor schweben-
der Last

Warnung vor explosions-
gefährlichen Stoffen

0567

Unter welchem Warnzeichen ist die
Bedeutung *falsch* angegeben?

Warnung vor ätzenden
Stoffen

Warnung vor feuer-
gefährlichen Stoffen

Warnung vor gefährlicher
elektrischer Spannung

Warnung vor explosions-
fähiger Atmosphäre

Warnung vor Laser-
strahlen

0568

Welches Warnzeichen warnt vor Biogefährdung?

0569

Welches Warnzeichen warnt vor radioaktiven Stoffen?

0570

Welchen Hinweis gibt das
Sicherheitszeichen?

(1) Warnung vor
    giftigen Stoffen

(2) Gebot, Atemschutzmaske
    zu tragen

(3) Verbot, mit giftigen Stoffen zu arbeiten

(4) Gebot, Schutzschild zu tragen

(5) Rettung durch Gegengift

0571

Welche Bedeutung hat das abgebildete
Warnschild?

(1) Warnung vor giftigen Stoffen

(2) Warnung vor explosiven Stoffen

(3) Warnung vor radioaktiven Stoffen

(4) Warnung vor brandfördernden Stoffen

(5) Warnung vor staubförmigen Stoffen

0572

Unter welchem Hinweis-Zeichen
steht eine *falsche* Erklärung?

Krankenstation

Augenspüleinrichtung

Notdusche

Erste Hilfe

Arzt

0573

Worauf weist das abgebildete
Sicherheitszeichen hin?

(1) Auf den Weg zu einem
Aufzug

(2) Auf den Weg zu einer Erste-Hilfe-Station

(3) Auf eine Krankentrage

(4) Auf die Richtung, die zum Hauptausgang führt

(5) Auf einen Rettungsweg mit Richtungsangabe

0574

Welche Vorschrift enthält die Unfallverhütungsvorschrift VBG1
bezüglich des Tragens von Schmuckstücken und Armbanduhren bei
der Arbeit?

(1) Das Tragen derartiger, für die Verrichtung der Arbeit nicht
erforderlicher Gegenstände ist ausnahmslos verboten.

(2) Das Tragen von Schmuckstücken und Armbanduhren ist
verboten, wenn diese Gegenstände zu einer Gefährdung
führen können.

(3) Das Tragen von Ringen und Halsketten ist ausnahmslos
verboten; Armbänder und Armbanduhren können getragen
werden.

(4) Das Tragen von Armbändern und Armbanduhren ist
ausnahmslos verboten; Ringe und Halsketten können
getragen werden.

(5) Die Entscheidung, ob derartige Gegenstände bei der Arbeit
getragen werden können, überläßt die VBG1 dem Versicherten.

0575

Welche Schutzmaßnahme ist bei Arbeiten mit Staub-
entwicklung oder Farbnebelbildung erforderlich?

(1) Das Einlegen von stündlichen Pausen

(2) Das Tragen einer Schutzbrille

(3) Das Tragen einer Atemschutzmaske

(4) Das stündliche Reinigen der Hände

(5) Das Atmen durch die Nase

0576

Welches Atemschutzgerät benötigt man in einer Stickstoff-
atmosphäre?

(1) Staubmaske

(2) Mundschwamm

(3) Atemschutzmaske mit Filter für saure Gase

(4) Atemschutzmaske mit Filter für alkalische Gase

(5) Frischluftgerät

0577

Welches Arbeitsschutzmittel ist bei Arbeiten im Labor mit Natronlauge unbedingt zu verwenden?

1. Hautschutzsalbe
2. Schutzbrille
3. Halbmaske
4. Vollmaske
5. Handschuhe

0578

Welche Aussage über Atemfilter für Atemschutzgeräte ist richtig?

1. Atemfilter haben eine nicht begrenzte Gebrauchsdauer.
2. Atemfilter können auch bei hohen Konzentrationen giftiger Gase und Dämpfe eingesetzt werden.
3. Für den Einsatz eines Atemfilters müssen die Art und die Eigenschaften des betreffenden Schadstoffs bekannt sein.
4. Für alle Gase und Dämpfe wird nur ein allgemein einsetzbarer Atemfilter benötigt.
5. Atemfilter werden in ihrer Wirkung durch Schwebstoffe in der Luft nicht beeinflußt.

0579

Wovor kann eine Schutzbrille mit Sichtscheiben ohne Filterwirkung die Augen *nicht* schützen?

1. Vor Glassplitter
2. Vor Metallsplitter beim Bohren
3. Vor Betonsplitter beim Meißeln
4. Vor Säurespritzer
5. Vor Blendung durch Lichtbogen

0580

Enthalten die „Allgemeinen Vorschriften" (VBG1) der Berufsgenossenschaften für den Alkoholgenuß im Betrieb eine Promillegrenze?

1. Ja, und zwar 0,3 ‰
2. Ja, 0,5 ‰
3. Ja, 0,8 ‰
4. Ja, 1,2 ‰
5. Nein

0581

Welcher der folgenden Sätze über den „Genuß von Alkohol" im Betrieb ist den „Allgemeinen Vorschriften" (VBG1) der Berufsgenossenschaften entnommen?

1. In allen Betrieben und auf allen außerbetrieblichen Bau- und Montagestellen ist der Genuß von Alkohol verboten.
2. Jeder Versicherte ist verpflichtet, den Vorgesetzten sofort zu unterrichten, wenn er bei anderen Versicherten den Genuß von Alkohol beobachtet.
3. Versicherte dürfen sich durch Alkoholgenuß nicht in einen Zustand versetzen, durch den sie sich selbst oder andere gefährden können.
4. Versicherte, bei denen Alkoholgenuß beobachtet oder festgestellt wird, sind sofort aus dem Betrieb zu entfernen.
5. Versicherte, die durch ihr Verhalten zu der Annahme berechtigen, Alkohol getrunken zu haben, müssen sich auf Weisung des Vorgesetzten einem Alkoholtest unterziehen.

0582

Welche Aussage über die Wirkung von Alkohol auf die Fähigkeiten eines Menschen ist *falsch*?

1. Die Konzentration läßt nach.
2. Die Kritikfähigkeit wird eingeschränkt.
3. Das Reaktionsvermögen wird geringer.
4. Die Risikobereitschaft nimmt ab.
5. Das Sehfeld wird kleiner.

0583

Ab welcher Blutalkoholkonzentration ist bei den meisten Menschen bereits eine erhebliche Beeinträchtigung des Reaktionsvermögens und eine erhöhte Risikobereitschaft sowie ein Nachlassen der Kritikfähigkeit feststellbar?

(1) Ab ca. 1,8 ‰

(2) Ab ca. 1,3 ‰

(3) Ab ca. 0,8 ‰

(4) Ab ca. 0,5 ‰

(5) Ab ca. 0,3 ‰

0584

Wieviel Promille Alkohol baut der menschliche Körper innerhalb einer Stunde ab?

(1) Etwa 0,8 ‰

(2) Etwa 0,6 ‰

(3) Etwa 0,4 ‰

(4) Etwa 0,3 ‰

(5) Etwa 0,1 ‰

0585

Ein Kollege feiert am Sonntag bis 24.00 Uhr mit seinen Vereinskollegen und erreicht zu diesem Zeitpunkt eine Blutalkoholkonzentration von 1,8 ‰. Am Montag verläßt er um 6.00 Uhr das Haus, um mit seinem PKW zur Arbeit zu fahren. Wie groß ist die restliche Blutalkoholkonzentration, als der Kollege ins Auto steigt?

(1) Etwa 1,2 ‰

(2) Etwa 0,8 ‰

(3) Etwa 0,5 ‰

(4) Etwa 0,2 ‰

(5) Etwa 0,0 ‰

0586

Ein Arbeitnehmer, der bisher Alkohol gemieden hat, trinkt während der Arbeit einige Flaschen Bier und einige Schnäpse. Auf der Heimfahrt mit seinem PKW erleidet er einen Unfall, bei dem er erheblich verletzt wird. Der Alkoholtest ergibt eine Blutalkoholkonzentration von 1,9 ‰. Womit muß der Arbeitnehmer *nicht* rechnen?

(1) Daß die Berufsgenossenschaft Zahlungen aus der Unfallversicherungskasse ablehnt

(2) Daß sein Führerschein eingezogen wird

(3) Daß sein Arbeitsvertrag fristlos gekündigt wird

(4) Daß die KFZ-Kasko-Versicherung die Regulierung der Schäden am Kraftfahrzeug ablehnt

(5) Daß der Arbeitgeber für die Tage der unfallbedingten Abwesenheit von der Arbeit keinen Lohn zahlt

0587

Wer überwacht die Einhaltung der „Verordnung zum Schutz vor gefährlichen Stoffen"?

(1) Bundesminister für Arbeit und Sozialordnung

(2) Polizeibehörde

(3) Gesundheitsamt

(4) Gewerbeaufsichtsamt

(5) Umweltschutzbehörde

0588

Auf welchem Weg gelangen Gefahrstoffe normalerweise *nicht* in den Körper?

(1) Über die Atemwege

(2) Über die Verdauungsorgane

(3) Durch die Haut

(4) Durch die Ohren

0589

In welcher Auswahlantwort stehen nur Gase, bzw. Dämpfe, die als Atemgifte eine Wirkung auf Blut, Zellen und Nerven besitzen?

1. Chlor, Hydrogenchlorid, Methan

2. Benzol, Edelgase, Wasserstoff

3. Sauerstoff, Stickstoff, Kohlenstoffdioxid

4. Brom, Helium, Wasserstoff

5. Kohlenstoffmonoxid, Stickstoffdioxid, Hydrogensulfid

0590

Welcher Stoff ist für den menschlichen Körper ein starkes Gift?

1. Bariumsulfat

2. Schwefel

3. Roter Phosphor

4. Quecksilber(II)-chlorid

5. Aluminiumoxid

0591

Welches Gas ist ein starkes Atemgift?

1. Hydrogensulfid

2. Kohlenstoffdioxid

3. Stickstoff

4. Helium

5. Wasserstoff

0592

Welche der genannten Kenngrößen sagt etwas über die Gesundheitsschädlichkeit von Arbeitsstoffen aus?

1. Gefahrklasse

2. Explosionsgrenzen

3. MAK-Wert

4. Zündtemperatur

5. Brennwert

0593

Was bedeutet die Abkürzung MAK?

1. Maximale Arbeitsplatz-Konzentration

2. Maximale Abwasserkonzentration

3. Minimale Arbeitskonzentration

4. Maximale Abluftkonzentration

5. Maximale Abwasserklärung

0594

An einem Arbeitsplatz ist der MAK-Wert eines Stoffs gerade erreicht, jedoch noch *nicht* überschritten.
Welche Aussage ist richtig?

1. Es darf dort täglich höchstens 1 Stunde lang gearbeitet werden.

2. Es darf dort täglich höchstens 5 Stunden lang gearbeitet werden.

3. Es darf dort bei 40 Stunden Wochenarbeitszeit täglich höchstens 8 Stunden lang gearbeitet werden.

4. Es darf dort ohne zeitliche Begrenzung gearbeitet werden.

5. Es darf dort nicht mehr gearbeitet werden.

0595

Eine Substanz hat einen MAK-Wert von 0,1 mg/m^3.
Was bedeutet das?

(1) Wenn maximal 0,1 mg der Substanz in 1 m^3 Abwasser gelöst sind, ist das Wasser für den Menschen noch ungefährlich.

(2) Die Substanzkonzentration des Abwassers darf bei 20 °C um 0,1 mg/m^3 überschritten werden, ohne eine biologische Klärung durchführen zu müssen.

(3) Wenn mehr als 0,1 mg der Substanz in 1 m^3 Abluft enthalten sind, muß diese Abluft gereinigt werden.

(4) Die Substanzkonzentration in der Luft des Arbeitsraums darf bei 20 °C und 1 bar täglich um 0,1 mg/m^3 überschritten werden.

(5) Wenn maximal 0,1 mg der Substanz in 1 m^3 der Luft des Arbeitsplatzes sind, ist bei täglich achtstündiger Arbeitszeit und Einhaltung einer Wochenarbeitszeit von 40 Stunden keine Gesundheitsschädigung der Beschäftigten zu erwarten.

0596

Welcher von den genannten Stoffen hat die größte gesundheitsschädigende Wirkung?

	Stoff	MAK-Wert
(1)	Kohlenstoffmonoxid	30 mL/m^3
(2)	Hydrogenfluorid	3 mL/m^3
(3)	Hydrogenchlorid	5 mL/m^3
(4)	Brom	0,1 mL/m^3
(5)	Chlorbenzol	50 mL/m^3

0597

Welcher von den genannten nichtflüchtigen Schwebstoffen (Staub) hat die größte gesundheitsschädigende Wirkung?

	Schwebstoff	MAK-Wert
(1)	Naphthalin	50 mg/m^3
(2)	Phosphor(V)-oxid	1 mg/m^3
(3)	Calciumoxid	5 mg/m^3
(4)	Eisenoxid (Feinstaub)	6 mg/m^3
(5)	Antimon	0,5 mg/m^3

0598

Welche Bedeutung hat dieses Gefahrensymbol?

Xn

(1) Giftig

(2) Leichtentzündlich

(3) Brandfördernd

(4) Gesundheitsschädlich

(5) Explosionsgefährlich

0599

Welche Bedeutung hat dieses Gefahrensymbol?

Xi

(1) Mindergiftig

(2) Reizend

(3) Ätzend

(4) Leichtentzündlich

(5) Brandfördernd

0600

Welche Bedeutung hat dieses Gefahrensymbol?

F

1. Ätzend
2. Leichtentzündlich
3. Giftig
4. Explosionsgefährlich
5. Brandfördernd

0601

Welche Bedeutung hat dieses Gefahrensymbol?

F+

1. Hochentzündlich
2. Leichtentzündlich
3. Explosionsgefährlich
4. Brandfördernd
5. Feuergefährlich

0602

Welche Bedeutung hat dieses Gefahrensymbol?

T

1. Ätzend
2. Explosionsgefährlich
3. Leichtentzündlich
4. Giftig
5. Brandfördernd

0603

Welche Bedeutung hat dieses Gefahrensymbol?

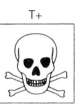

T+

1. Sehr giftig
2. Giftig
3. Gesundheitsschädlich
4. Reizend
5. Ätzend

0604

Welche Bedeutung hat dieses Gefahrensymbol?

C

1. Brandfördernd
2. Explosionsgefährlich
3. Leichtentzündlich
4. Ätzend
5. Giftig

0605

Welcher der genannten Gefahrstoffe wird mit diesem Gefahrensymbol gekennzeichnet?

C

1. Aceton
2. Natronlauge
3. Ethanol
4. Natriumchloridlösung
5. Natriumhydrogencarbonatlösung

0606

Welche Bedeutung hat dieses Gefahrensymbol?

1. Ätzend

2. Giftig

3. Leichtentzündlich

4. Brandfördernd

5. Explosionsgefährlich

0607

Welche Bedeutung hat dieses Gefahrensymbol?

1. Giftig

2. Leichtentzündlich

3. Umweltgefährlich

4. Brandfördernd

5. Explosionsgefährlich

0608

Mit welchem Gefahrensymbol müssen reizende Gefahrstoffe gekennzeichnet werden?

C
1.

Xi
2.

T
3.

O
4.

F
5.

0609

Mit welchem Gefahrensymbol müssen brandfördernde Gefahrstoffe gekennzeichnet werden?

E
1.

Xn
2.

O
3.

T
4.

F
5.

0610

Mit welchem Gefahrensymbol müssen explosionsgefährliche Gefahrstoffe gekennzeichnet werden?

Xi
1.

Xn
2.

C
3.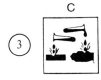

T
4.

E
5.

0611

Mit welchem Gefahrensymbol müssen gesundheitsschädliche Gefahrstoffe gekennzeichnet werden?

C
1.

Xn
2.

O
3.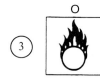

T
4.

E
5.

0612

Welche Aussage über die R-Sätze und S-Sätze in der Gefahrstoffverordnung (GefStoffV) ist richtig?

1. Sie geben Auskunft über Art und Menge der eingesetzten Rohstoffe sowie deren Stoffklassen.

2. Sie geben Auskunft über die Art der eingesetzten Rohstoffe sowie Sicherheitsratschläge.

3. Sie geben Hinweise auf besondere Gefahren und Sicherheitsratschläge.

4. Sie geben Hinweise über den Umgang mit gefährlichen Rohstoffen sowie Regeln über das Inverkehrbringen bestimmter Stoffe.

5. Sie geben Auskunft über die Zuordnung von Zubereitungen in die R- und S- Gruppen der Gefahrstoffverordnung.

0613

Welche Auswahlantwort enthält einen R-Satz der Gefahrstoffverordnung?

1. Unter Verschluß aufbewahren

2. Berührung mit der Haut vermeiden

3. Bei der Arbeit nicht rauchen

4. Kann Brand verursachen

5. Geeignete Schutzhandschuhe tragen

0614

Welche Auswahlantwort enthält einen S-Satz der Gefahrstoffverordnung?

1. Giftig bei Berührung mit der Haut

2. Beim Erwärmen explosionsfähig

3. Berührung mit der Haut vermeiden

4. Verursacht Verätzungen

5. Giftig für Tiere

0615

Dürfen Gefahrstoffe in Getränkeflaschen abgefüllt werden?

1. Nein.

2. Ja, sofern die Flasche fest verschlossen werden kann.

3. Ja, sofern die Flasche stoßfest ist.

4. Ja, sofern die Flasche mit dem vorgeschriebenen Gefahrensymbol versehen wird.

5. Ja, sofern die Flasche aus Kunststoff besteht.

0616

Wie geht man beim Verdünnen von konzentrierter Schwefelsäure vor?

1. Das Wasser muß langsam in den mit Schwefelsäure gefüllten Behälter gegossen werden.

2. Die Schwefelsäure muß unter ständigem Rühren in das Wasser gegossen werden.

3. Das Wasser muß schnell in den mit Schwefelsäure gefüllten Behälter gegossen werden.

4. Es ist gleich, wie man vorgeht, nur darf die Mischungstemperatur von 75 °C nicht überschritten werden.

5. Es darf beim Eingießen der Schwefelsäure in Wasser nicht gerührt werden.

0617

Warum dürfen zum Umfüllen von brennbaren Lösemitteln *keine* Glastrichter mit langem Rohr verwendet werden?

1. Weil in langen Trichterrohren leicht ein Rückstau entsteht und die brennbare Flüssigkeit herausgeschleudert werden kann

2. Weil durch die Reibung eine elektrostatische Aufladung erfolgt und deshalb durch Funkenbildung eine Entzündung möglich wird

3. Weil durch die Reibung zuviel Wärme entsteht und sich die Dämpfe entzünden können

4. Weil ein Trichter mit langem Rohr sich nicht schnell genug herausziehen läßt, wenn das zu füllende Gefäß überzulaufen droht

5. Weil das Umfüllen zu lange dauert

0618

Warum müssen Laugen und Säuren in besonders gekennzeichneten Flaschen und Behältern aufbewahrt werden?

1. Weil sie einen üblen Geruch besitzen

2. Weil sie schnell verdunsten

3. Weil sie leicht brennen

4. Weil sie lichtempfindlich sind

5. Weil sie ätzen

0619

Wie werden im Labor Lösemittelabfälle entsorgt?

1. Die unbrennbaren Abfälle werden im Freien verdampft.

2. Sie werden unter dem Abzug verdampft.

3. Sie werden in verschließbaren Behältern gesammelt und später durch Verbrennung oder chemisch vernichtet.

4. Sie werden mit viel Wasser vermischt und in die Abwasserleitung gegossen.

5. Die brennbaren Abfälle werden in besonderen Behältern gesammelt und an besonderen Plätzen verbrannt. Die unbrennbaren Abfälle werden mit viel Wasser vermischt und in die Abwasserleitung gegossen.

0620

Wie sind Druckgasflaschen beim Arbeiten im Labor zu sichern?

1. Sie sind so in eine Ecke zu stellen, daß niemand darüber fallen kann.

2. Sie sind immer hinzulegen, damit sie nicht umfallen können.

3. Sie sind grundsätzlich außerhalb des Labors aufzustellen.

4. Sie sind auf dem Labortisch hinzulegen.

5. Sie sind stehend mit Ketten oder Schellen gegen Umfallen zu sichern.

0621

Mit welcher Farbe sind nach DIN 2403 Rohrleitungen für Sauerstoff zu kennzeichnen?

1. Blau

2. Gelb

3. Braun

4. Rot

5. Grau

0622

In einem Betrieb ist eine Rohrleitung gelb lackiert und zusätzlich mit roten Ringen gekennzeichnet. Welcher der genannten Stoffe wird in der Rohrleitung transportiert?

1. Wasserdampf

2. Druckluft

3. Stickstoff

4. Erdgas

5. Natronlauge

0623

Mit welcher Gruppenfarbe und welcher Zusatzfarbe sollen nach DIN 2403 Rohrleitungen für Luft mit Unterdruck (Vakuum) gekennzeichnet sein?

	Gruppenfarbe	Zusatzfarbe
1	Grau	Schwarz
2	Braun	Schwarz
3	Gelb	Rot
4	Grau	Rot
5	Braun	Rot

0624

In welcher Auswahlantwort sind allen Stoffgattungen die richtigen Kennfarben der Rohrleitungen zugeordnet?

	Brenn-bare Gase	Laugen	Brennbare Flüssig-keiten	Wasser-dampf	Luft
1	Gelb	Rot	Braun	Violett	Grau
2	Grau	Orange	Grün	Braun	Blau
3	Gelb	Violett	Braun	Rot	Grau
4	Gelb	Blau	Orange	Rot	Braun
5	Braun	Violett	Grün	Rot	Grau

0625

In welcher Auswahlantwort sind allen genannten Stoffen die richtigen Kennfarben für die Rohrleitungen zugeordnet?

	Wasser	Sauer-stoff	Erdgas	Natron-lauge	Heizöl
1	Grün	Blau	Gelb	Violett	Braun
2	Grün	Gelb	Grau	Violett	Braun
3	Orange	Rot	Gelb	Grün	Blau
4	Grün	Blau	Grau	Violett	Braun
5	Braun	Rot	Gelb	Orange	Blau

0626

Welche Bestimmung über Druckgasflaschen und Armaturen ist in den Richtlinien für chemische Laboratorien *nicht* enthalten?

1. Druckgasflaschen sind vor starker Erwärmung zu sichern.
2. Ventile von Druckgasflaschen für brennbare und brandfördernde Gase müssen schnell geöffnet werden.
3. Armaturen für stark oxidierende Druckgase müssen frei von Öl, Fett und Glycerin gehalten werden.
4. Druckgasflaschen, deren Ventile sich nicht von Hand öffnen lassen, sind außer Betrieb zu nehmen.
5. Druckgasflaschen dürfen nur mit aufgeschraubter Schutzkappe transportiert werden.

0627

Welche Aussage über Druckgasflaschen ist richtig?

1. Druckgasflaschen für Sauerstoff haben immer Linksgewinde zum Anschluß des Druckminderers.
2. Eine Druckgasflasche für Sauerstoff und eine Druckgasflasche für Wasserstoff dürfen nicht nebeneinander aufgestellt werden.
3. Wasserstoff darf nicht über einen Druckminderer aus der Druckgasflasche entnommen werden.
4. An eine Druckgasflasche für Sauerstoff darf kein gefetteter Druckminderer angeschlossen werden.
5. Druckgasflaschen für unbrennbare Gase haben immer einen grauen Anstrich.

0628

Für welches Gas ist die richtige Kennfarbe für die Druckgasflasche angegeben?

1. Stickstoff   Grün
2. Ammoniak   Blau
3. Sauerstoff   Grau
4. Acetylen   Rot
5. Wasserstoff   Gelb

0629

In welcher Auswahlantwort sind den genannten Stoffen die richtigen Kennfarben für die Druckgasflaschen zugeordnet?

	Ace-tylen	Druck-luft	Sauer-stoff	Wasser-stoff	Stick-stoff
1	Gelb	Grau	Rot	Blau	Grün
2	Grün	Gelb	Blau	Rot	Grau
3	Gelb	Grau	Blau	Rot	Grün
4	Blau	Gelb	Rot	Grün	Violett
5	Grau	Rot	Blau	Gelb	Grün

0630

Welche Aufschrift müssen alle Sauerstoffmanometer tragen?

(1) Nur für Sauerstoff zu verwenden!

(2) Nicht mit fettigen Fingern berühren! Sauerstoff!

(3) Sauerstoff! Öl- und fettfrei halten!

(4) Nicht für Wasserstoff verwenden! Knallgas!

(5) Nur für blau angestrichene Gasstahlflaschen verwenden!

0631

Aus einer Natriumpresse wurde Natriumdraht in Toluol gepreßt. An der Natriumpresse klebende Natriumreste sollen entfernt werden. Wie ist vorzugehen?

(1) Mit Petroleum und Bürste reinigen.

(2) Sodalösung über die Presse gießen.

(3) Presse über Nacht stehen lassen und mit verd. Ethansäure abwaschen.

(4) Presse mit demjenigen Lösemittel reinigen, in das der Natriumdraht gepreßt wurde.

(5) Presse mit Butanol reinigen.

0632

Wie werden Natriumreste vorschriftsmäßig beseitigt?

(1) Durch Eintragen in Wasser

(2) Durch Eintragen in Benzin

(3) Durch Eintragen in Isopropanol

(4) Durch Eintragen in Tetrachlormethan

(5) Durch Zerkleinern und Verbrennen im Freien

0633

In einem Laboratorium wurde versehentlich Quecksilber verschüttet. Welche Maßnahme ist zu treffen?

(1) Zusammenkehren und verschmutztes Quecksilber reinigen

(2) Hauptmenge mit einem geeignetem Werkzeug aufnehmen und Rest mit Salpetersäure auflösen und wegspülen

(3) Hauptmenge mit einem geeigneten Werkzeug aufnehmen und Rest nach Überstreuen mit Sorptionsmittel entsorgen.

(4) Durch Übergießen mit Natronlauge vernichten

(5) Mit Hilfe der Wasserstrahlpumpe aufsaugen und ins Abwasser laufen lassen

0634

Welche Maßnahme darf zur Beseitigung von konzentrierter Salpetersäure *nicht* angewendet werden?

(1) Abdecken mit Sägespänen

(2) Abdecken mit Sand

(3) Abdecken mit Kieselgur

(4) Wegspülen mit viel Wasser

(5) Abdecken mit Soda

0635

In der Liste der gesundheitsgefährdenden Stoffe sind verschiedene Stoffe mit einem „H" versehen. Welche Bedeutung hat das „H"?

(1) Gefahr des Haarausfalls

(2) Gefahr der Hautresorption

(3) Heftige Reaktion mit Luft

(4) Hygroskopische Substanz

(5) Gefahr der Wasserstoff-Entwicklung

0636

Welche Maßnahme gehört *nicht* zum Arbeitsschutz beim Umgang mit Gefahrstoffen?

1. Waschen der Hände nach Beendigung der Arbeit
2. Tragen von Schutzhandschuhen
3. Tragen von Schutzbrillen
4. Gründliches Waschen vor Beginn der Arbeit
5. Wechseln der Arbeitskleidung nach Beendigung der Arbeit

0637

Welche Aussage über den Umgang mit flüssigen Gefahrstoffen ist *falsch*?

1. Flüssige Gefahrstoffe in zerbrechlichen Gefäßen dürfen nur in einem Eimer oder einer Wanne transportiert werden.
2. Flüssige Gefahrstoffe müssen immer in braunen Glasflaschen aufbewahrt werden.
3. Von flüssigen Gefahrstoffen dürfen nur gewisse Maximalmengen unmittelbar am Arbeitsplatz aufbewahrt werden.
4. Leichtflüchtige Lösemittel müssen vor starker Wärmeeinwirkung geschützt werden.
5. Beim Umgang mit flüssigen Gefahrstoffen ist eine Schutzbrille zu tragen.

0638

Warum darf zur Belüftung enger Arbeitsräume, z. B. Kessel und Behälter, *kein* Sauerstoff verwendet werden?

1. Weil bei mit Sauerstoff angereicherter Kleidung erhöhte Brandgefahr besteht
2. Weil der Sauerstoff für Belüftungszwecke zu teuer ist
3. Weil der Sauerstoff eine starke Abkühlung des Arbeitsraums verursacht
4. Weil die mit Sauerstoff angereicherte Luft für die Gesundheit schädlich ist
5. Weil sich der Sauerstoff in engen Räumen als Nebel niederschlägt und die Sicht behindert

0639

Was entsteht, wenn Arbeitskleidung mit Sauerstoff angereichert wird?

1. Hautkrankheiten
2. Knallgas im Gewebe der Arbeitskleidung
3. Feuchtigkeit in der Kleidung
4. Augenkrankheiten
5. Erhöhte Entzündungsgefahr

0640

Beim Umgang mit Wasserstoff sind aus Gründen der Arbeitssicherheit einige wichtige Eigenschaften des Wasserstoffs zu beachten. Welche Aussage ist *falsch*?

1. Wasserstoff bildet mit einigen anderen Elementen explosive Gemische.
2. Wasserstoff wird in rotgestrichenen Druckgasflaschen unter einem Druck von ca. 150 bar aufbewahrt.
3. Der Ventilanschluß einer Druckgasflasche für Wasserstoff hat Rechtsgewinde.
4. Wasserstoff kann je nach Herstellungsmethode hochgiftige Beimengungen enthalten.
5. Wasserstoff diffundiert selbst durch einige Metalle verhältnismäßig leicht.

0641

Worauf ist beim Laden von Bleiakkumulatoren im Hinblick auf die Unfallverhütungsvorschriften zu achten?

1. Infolge der Erwärmung siedet die Säure und kann aus dem Akkumulator herausspritzen.
2. Es entsteht giftiges Chlorgas.
3. Es bilden sich betäubende Stickoxide.
4. Beim Laden kann Wasserstoff entstehen, der mit Sauerstoff Knallgas bildet.
5. Beim Laden entstehen Überspannungen, die Unfälle zur Folge haben können.

0642

Warum müssen konzentrierte Laugen und Säuren in besonders gekennzeichneten Flaschen und Behältern aufbewahrt werden?

1. Weil sie leicht brennen
2. Weil sie ätzen
3. Weil sie schnell verdunsten
4. Weil sie lichtempfindlich sind
5. Weil sie einen üblen Geruch besitzen

0643

Warum darf Tetrachlorkohlenstoff *nicht* mit Natrium getrocknet werden?

1. Weil das gebundene Chlor mit Natrium reagiert
2. Weil Tetrachlorkohlenstoff einen hohen Siedepunkt hat
3. Weil Natrium unter Petroleum aufbewahrt wird
4. Weil Tetrachlorkohlenstoff zu viel Wasser enthält
5. Weil Natrium zu teuer ist

0644

Welches der folgenden Lösemittel darf mit Natrium getrocknet werden?

1. Dichlormethan
2. Trichlorethylen
3. Methylchlorid
4. Diethylether
5. Brombenzol

0645

Wie werden im Labor Lösemittelabfälle entsorgt?

1. Die brennbaren Abfälle werden in besonderen Behältern gesammelt und an besonderen Plätzen verbrannt. Die unbrennbaren Abfälle werden mit viel Wasser vermischt und in die Abwasserleitung gegossen.
2. Man läßt sie unter dem Abzug verdampfen.
3. Sie werden in verschließbaren Behältern gesammelt und später einer Entsorgungsstelle zur Aufarbeitung oder Verbrennung zugeführt.
4. Sie werden mit viel Wasser vermischt und in die Abwasserleitung gegossen.
5. Die unbrennbaren Abfälle läßt man im Freien verdampfen.

0646

Aus welchem Material können Schutzhandschuhe für den Umgang mit organischen Lösemitten hergestellt werden?

1. Stoff
2. Gummi
3. Kunststoff
4. Dünnes Leder
5. Dickes Leder

0647

Bei welcher der genannten Verbindungen besteht die größte Gefahr der Vergiftung durch Hautresorption?

1. Aceton
2. Benzol
3. Propan-(2)-ol
4. Diethylether
5. Ethanol

0648

Welches Reinigungsmittel darf bei Reinigungsarbeiten ohne Atemschutz eingesetzt werden?

1. Vergaserkraftstoff
2. Wasserdampf
3. Tetrachlormethan
4. Methanol
5. Benzol

0649

Wie verteilen sich Dämpfe von Kohlenwasserstoffen in einem geschlossenen Raum?

1. Sie steigen zur Decke.
2. Sie reichern sich am Boden an.
3. Sie verteilen sich gleichmäßig im Raum.
4. Sie reichern sich an der kälteren Seite des Raums an.
5. Sie reichern sich an der den Fenstern gegenüberliegenden Wand an.

0650

Beim Arbeiten mit Anilin sind Schutzmaßnahmen erforderlich. Welche Maßnahme ist *falsch*?

1. Gummihandschuhe anziehen
2. Auf die Haut gelangtes Anilin mit Ethanol abspülen
3. Alle mit Anilin in Berührung gekommenen Gefäße mit verdünnter Salzsäure spülen
4. Schutzbrille aufsetzen
5. Mit Anilin befleckte Kleidung sofort ausziehen

0651

In der Produktion soll aus einem Vorratsgefäß eine niedrig siedende brennbare, mit Wasser nicht mischbare Flüssigkeit in ein anderes Gefäß abgefüllt werden. Was ist dabei im Hinblick auf Arbeitssicherheit unbedingt zu beachten?

1. Der Raum muß gut gelüftet sein und darf keine höhere Temperatur als 30 °C haben.
2. Der Trichter und die Gefäße müssen aus elektrisch leitendem Material und geerdet sein.
3. Es ist unbedingt mit Schutzbrille und Gummihandschuhen zu arbeiten.
4. Es muß ein Glastrichter verwendet werden.
5. Es muß genügend Löschwasser bereit stehen.

0652

Welcher Stoff wird unter Wasser aufbewahrt?

1. Natrium
2. Magnesiumpulver
3. Schwefelblume
4. Aluminiumpulver
5. Weißer Phosphor

0653

Unter welcher Flüssigkeit kann Natrium aufbewahrt werden?

1. Wasser
2. Isopropanol
3. Ethanol
4. Chloroform
5. Petroleum

0654

Unter welcher Flüssigkeit kann Kalium aufbewahrt werden?

1. Kalilauge
2. Chloroform
3. Petroleum
4. Methylenchlorid
5. Wasser

0655

Welche Substanz ist an Luft selbstentzündlich?

1. Magnesiumpulver
2. Naphthalin
3. Lithium
4. Roter Phosphor
5. Weißer Phosphor

0656

Wie muß man im Labor weißen Phosphor aufbewahren?

1. In Weithalsglasflaschen unter Wasser
2. In Kunststoffflaschen unter Tetrachlorkohlenstoff
3. In Glasflaschen unter Petroleum
4. In geerdeten Metallbüchsen
5. In braunen Glasflaschen unter Ethanol

0657

Warum wird Flußsäure in Kunststoffgefäßen und *nicht* in Glasgefäßen aufbewahrt?

Weil Flußsäure

1. mit Glas leicht entzündliche Gase bildet
2. lichtempfindlich ist
3. an Glaswandungen hochkriecht
4. sich in Kunststoffflaschen nicht verfärbt
5. Glas ätzt

0658

Welche Substanz kann man in Glasgefäßen *nicht* aufbewahren?

1. Salzsäure
2. Flußsäure
3. Ammoniaklösung
4. Salpetersäure
5. Schwefelsäure

0659

Beim Umgang mit Brom sind Schutzmaßnahmen notwendig. Welche Maßnahme ist *falsch*?

1. Gummihandschuhe anziehen
2. Schutzbrille aufsetzen
3. Auf die Haut gelangtes Brom mit konz. Ammoniaklösung abspülen
4. Nur unter dem Abzug abfüllen
5. Sodahaltige Thiosulfatlösung bereitstellen

0660

Warum muß man im Labor beim Arbeiten mit Quecksilber besonders vorsichtig sein?

1. Weil Quecksilberdämpfe gesundheitsschädlich sind
2. Weil Quecksilber flüssig ist
3. Weil Quecksilber eine hohe Dichte hat
4. Weil Quecksilber ein Metall ist
5. Weil Quecksilber sehr teuer ist

0661

In welchem Gefäß wird flüssiger Stickstoff aufbewahrt?

1. Dewar-Gefäß
2. Wittscher Topf
3. Kunststoffbehälter
4. Stahlbombe
5. Mit CO_2-Eis gekühltes Gefäß

0662

Welches Kühlmittel darf zur Kühlung organischer Flüssig-keiten beim präparativen Arbeiten *nicht* verwendet werden?

1. Flüssige Luft
2. Flüssiger Stickstoff
3. Kohlenstoffdioxid (Trockeneis)/Aceton
4. Kältemischung aus Eis und Calciumchlorid
5. Kältemischung aus Eis und Natriumchlorid

0663

Welches der aufgezählten Geräte darf evakuiert werden?

1. Rundkolben
2. Pulverflasche
3. Stehkolben
4. Meßkolben
5. Erlenmeyerkolben

0664

Warum dürfen Erlenmeyerkolben *nicht* evakuiert werden?

1. Weil nur runde Glasgefäße evakuiert werden dürfen
2. Weil sie dem Außendruck eine zu große Ober-fläche bieten
3. Weil sie eine dünnere Glaswandung besitzen als andere Glasgefäße
4. Weil der flache Boden nicht druckfest ist
5. Weil sie sich wegen ihrer besonderen Form nur schlecht luftdicht abschließen lassen

0665

Wie können Splitterverletzungen bei der Implosion eines evakuierten Exsikkators vermieden werden?

1. Statt nur 10 mbar Druck 100 mbar Druck im Exsikkator belassen
2. Den Exsikkatordeckel gut fetten
3. Kein flüssiges Trockenmittel verwenden
4. Durch Abschirmung des Exsikkators mit einem Drahtkäfig
5. Durch Bekleben des Exsikkatordeckels mit einer Kunststoffolie

0666

Sie fahren mit dem Auto zur Arbeit. Dabei beobachten Sie, wie ein Radfahrer verunglückt. Besteht für Sie eine Verpflichtung zur Hilfeleistung?

(1) Ja, aber nur, wenn der Radfahrer bewegungslos auf dem Boden liegt.

(2) Ja, aber nur, wenn ich dazu aufgefordert werde.

(3) Nein, ich bin in keiner Weise zur Hilfeleistung verpflichtet.

(4) Ja, aber nur, wenn ich in Erster Hilfe unterwiesen bin.

(5) Ja, es besteht eine rechtliche und moralische Pflicht.

0667

Was ist nach Absicherung der Unfallstelle als erstes zu tun, wenn man auf der Fahrt zur Arbeit als erster zu einer Unfallstelle kommt, bei der es mehrere Verletzte gegeben hat?

(1) Das nächste Auto anhalten und zur Polizei fahren.

(2) Den Zustand aller Verletzten prüfen und dann Erste Hilfe leisten.

(3) Alle Verletzten in stabile Seitenlage bringen.

(4) Alle Blutenden verbinden.

(5) Zum nächsten Telefon gehen und den Rettungsdienst alarmieren.

0668

Welche Verhaltensweise hilft einem Verunglückten *nicht*?

(1) Bei dem Verunglückten bleiben und ihn beruhigen

(2) Selbst ruhig bleiben und Zuversicht ausstrahlen

(3) Den Unfall sofort dem nächsten Vorgesetzten melden

(4) Versuchen, Schmerzen durch fachgerechte Lagerung zulindern

(5) Mit dem Verunglückten über das Ausmaß seiner Verletzungen sprechen

0669

Welches Organ ist bei einer gestörten Atmung zuerst gefährdet?

(1) Gehirn

(2) Herz

(3) Niere

(4) Lunge

(5) Leber

0670

In welchem Fall kann einem verunglückten Mitarbeiter in der dargestellten Lage geholfen werden?

(1) Bei Bewußtlosigkeit

(2) Bei Atemstillstand

(3) Bei einem Oberschenkelbruch

(4) Bei einem Schock

(5) Bei einer Vergiftung

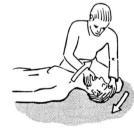

0671

Was ist das sicherste Anzeichen einer gestörten Atmung?

(1) Pulsverlangsamung oder Pulslosigkeit

(2) Unruhiges Hin- und Herlaufen

(3) Blauverfärbung der Haut und der Lippen

(4) Bewußtlosigkeit

(5) Kalter Schweiß auf der Stirn

0672

Woran kann man erkennen, daß ein Verunglückter bewußtlos ist?

(1) Der Verunglückte hat eine weite Pupille.

(2) Der Verunglückte reagiert nicht auf Ansprechen und Rütteln.

(3) Der Verunglückte ist kaltschweißig und blaß.

(4) Der Verunglückte hat einen niedrigen Puls.

(5) Der Verunglückte reagiert auf Ansprechen mit unverständlichem Murmeln.

0673

In welchem Fall muß ein verunglückter Mitarbeiter in die dargestellte Lage gebracht werden?

(1) Bei Atemstillstand

(2) Bei einem Schock

(3) Bei starken Blutungen

(4) Bei Knochenbrüchen

(5) Bei Bewußtlosigkeit

0674

Ein verunglückter Mitarbeiter hat einen Schock.
Welches Bild zeigt die richtige Lagerung des Verunglückten?

0675

Ein Kollege hat sich im Bereich des linken Handgelenks geschnitten. Die Wunde blutet stark, der Verletzte wird blaß, Schweißausbrüche treten auf, der Puls schlägt 100mal pro Minute. Was ist zu tun?

1. Den Verletzten auf einen Stuhl oder eine Kiste setzen und den Arzt oder die Sanitätsstelle verständigen.
2. Den Verletzten ohne weitere Behandlung auf dem schnellsten Wege zum Arzt oder zur Sanitätsstelle bringen.
3. Den Verletzten hinsetzen, den linken Arm hochhalten und abdrücken, dann den Arzt oder die Sanitätsstelle verständigen.
4. Den Verletzten in Schocklage legen, den linken Arm hochhalten und abdrücken bis ein Druckverband angelegt werden kann, dann den Arzt oder die Sanitätsstelle verständigen.
5. Die Wunde mit einem Lappen verbinden und dann den Verletzten auf dem schnellsten Wege zum Arzt oder zur Sanitätsstelle bringen.

0676

Woran kann man erkennen, daß ein Verunglückter sich im Schockzustand befindet?

1. Am schnellen Puls bei kaltschweißiger, blasser Haut
2. An der weiten Pupille
3. Am niedrigen Puls bei rotem Gesicht und warmem Schwitzen
4. An der Größe der blutenden Wunden
5. An den blauverfärbten Lippen

0677

Ein Kollege hat sich eine große Schnittwunde an der Innenhand zugezogen. Die Wunde ist sehr stark verschmutzt. Was ist zu tun?

1. Die Wunde sofort mit Reinigungsbenzin auswaschen, anschließend möglichst keimfrei bedecken.
2. Die Wunde sofort mit klarem Wasser auswaschen, anschließend möglichst keimfrei bedecken.
3. Die Wunde etwas bluten lassen, anschließend möglichst keimfrei bedecken.
4. Die Wunde mit Iod desinfizieren, anschließend möglichst keimfrei bedecken.
5. Die Wunde mit einem keimfreien Tuch ausreiben, anschließend verbinden.

0678

Beim Bearbeiten eines Glasrohrs entsteht eine Schnittverletzung am Daumen, wobei ein Glassplitter in der Wunde zurückbleibt. Was ist als Erste-Hilfe-Maßnahme zu tun?

1. Glassplitter schnellstens selbst herausziehen und Wunde verpflastern.
2. Zuerst Desinfektionsmittel auf die Wunde träufeln, dann Splitter mit Pinzette entfernen.
3. Splitter nicht entfernen, Wunde mit keimfreiem Verband bedecken, dann Arzt aufsuchen.
4. Wunde ausbluten lassen, danach auswaschen und mit Pflaster verbinden.
5. Splitter entfernen, Wunde mit keimfreiem Verband bedecken, dann Arzt aufsuchen.

0679

Welche Maßnahme ist zur sofortigen Behandlung leichter, geschlossener Hautverbrennungen *nicht* erforderlich?

1. Die Brandwunde unter fließendem, kaltem Wasser kühlen.
2. Die Brandwunde mit Hautschutzsalbe bestreichen.
3. Die Kühlbehandlung während längerer Zeit durchführen.
4. Bei großflächiger Verbrennung die Brandwunde mit keimfreiem Verbandzeug abdecken.
5. Die Kühlbehandlung sofort beginnen.

0680

Wie sollen kleine Brandwunden durch den Ersthelfer versorgt werden?

1. Mit Brandsalbe bestreichen
2. Mit Desinfektionslösung beträufeln und verbinden
3. Mit Puder bedecken
4. Mit Öl betupfen
5. Mit Wasser kühlen

0681

Welche Erste-Hilfe-Maßnahme ist bei Einwirkung einer Lauge bzw. Säure auf die Haut vorzunehmen?

(1)　Sofort mit viel kaltem Wasser spülen.

(2)　Betroffene Hautpartie mit Hautschutzsalbe einreiben und einwirken lassen.

(3)　Luftdichten Verband anlegen.

(4)　Betroffene Hautpartie mit Desinfektionsmittel betupfen.

(5)　Sofort mit Säure oder Lauge neutralisieren.

0682

Was ist bei einer Verätzung der Augen sofort zu tun?

(1)　Nichts unternehmen und auf das Eintreffen des Arztes warten

(2)　Verätzte Augen mit Säure oder Lauge neutralisieren

(3)　Verätzte Augen gründlich mit Wasser spülen

(4)　Die verletzten Augen sofort mit einem keimfreien Verband abdecken

(5)　Verätzte Augen gründlich mit 10 %iger Natriumthiosulfat-Lösung spülen

0683

Was muß zusammentreffen, damit ein Brand entstehen kann?

(1)　Ein brennbarer Stoff und eine Zündquelle

(2)　Ein brennbarer Stoff und Sauerstoff

(3)　Ein brennbarer Stoff, eine Zündquelle und hohe Temperatur

(4)　Ein brennbarer Stoff, Sauerstoff und eine Zündquelle

(5)　Ein brennbarer Stoff, eine Zündquelle und Stickstoff

0684

In wieviel Brandklassen sind in der DIN EN 2 die Brennstoffe eingeteilt?

(1)　2

(2)　3

(3)　4

(4)　5

(5)　6

0685

In welcher Auswahlantwort ist der brennbare Stoff der Brandklasse nach DIN EN 2 richtig zugeordnet?

	Brennbarer Stoff	Brandklasse
(1)	Erdgas	A
(2)	Kunststoff	A
(3)	Holz	B
(4)	Benzin	D
(5)	Aluminium	C

0686

Welcher der genannten brennbaren Stoffe gehört zur Brandklasse B nach DIN EN 2?

(1)　Wasserstoff

(2)　Textilien

(3)　Acethylen

(4)　Aluminium

(5)　Dieselkraftstoff

0687

Welche Kenngröße ist für die Einteilung brennbarer Flüssigkeiten in Gefahrklassen besonders wichtig?

1 MAK-Wert

2 Verbrennungstemperatur

3 Brennpunkt

4 Zündtemperatur

5 Flammpunkt

0688

Für die Beurteilung brennbarer Flüssigkeiten ist der Flammpunkt eine wichtige Kennzahl. Was gibt der Flammpunkt an?

1 Die Temperatur, bei der eine Flüssigkeit noch gelöscht werden kann.

2 Die Temperatur, bei der eine Flüssigkeit zu sieden beginnt.

3 Die niedrigste Temperatur, bei der sich über dem Flüssigkeitsspiegel Dämpfe in solcher Menge entwickeln können, daß sich mit Luft ein entflammbares Gemisch bildet.

4 Die Temperatur, bei der eine Flüssigkeit sich mit Sauerstoff verbindet.

5 Die Temperatur, bei der eine Flüssigkeit zu verdampfen beginnt.

0689

Welche Bedeutung hat das abgebildete Gefahrensymbol?

1 Brandfördernd

2 Ätzend

3 Leichtentzündlich

4 Hochentzündlich

5 Explosionsgefährlich

0690

Welche Bedeutung hat das abgebildete Gefahrensymbol?

1 Hochentzündlich

2 Leichtentzündlich

3 Explosionsgefährlich

4 Brandfördernd

5 Entzündlich

0691

Mit welchem Gefahrensymbol müssen Behälter für hochentzündliche Flüssigkeiten gekennzeichnet werden?

E
1

F+
2

F
3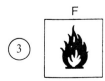

Xn
4

O
5

0692

Nach welchen Kennzahlen bzw. Eigenschaften werden die brennbaren Flüssigkeiten in Gefahrklassen nach der Verordnung über brennbare Flüssigkeiten (VbF) eingeteilt?

1 Explosionsgrenze und Löslichkeit in Wasser

2 Zündtemperatur und Zündgruppe

3 Flammpunkt und Löslichkeit in Wasser

4 Dampfdruck und Siedetemperatur

5 Zündtemperatur und MAK-Wert

0693

Welche Flüssigkeiten gehören der Gefahrklasse A an?

1. Brennbare Flüssigkeiten, die einen Flammpunkt nicht über 100 °C haben und in Wasser unlöslich sind

2. Brennbare Flüssigkeiten, die einen Flammpunkt unter 55 °C haben und die sich in jedem Verhältnis in Wasser lösen

3. Unbrennbare Flüssigkeiten, die in Wasser nicht löslich sind

4. Brennbare Flüssigkeiten, die einen Flammpunkt unter 21 °C haben und die sich in Wasser lösen

5. Brennbare Flüssigkeiten, die einen Flammpunkt unter 100 °C haben und deren brennbare Anteile sich in jedem Verhältnis in Wasser lösen

0694

Brennbare Flüssigkeiten werden in Gefahrklassen eingeteilt. Was ist das Unterscheidungsmerkmal zwischen den Gefahrklassen A I und A II?

1. Die Zündtemperatur
2. Der Explosionsbereich
3. Der Flammpunkt
4. Das Dichteverhältnis
5. Die Löslichkeit der Flüssigkeit in Wasser

0695

Auf einem Flüssigkeitsbehälter steht entweder die Bezeichnung Gefahrklasse A oder Gefahrklasse B. Welche Bedeutung haben diese Bezeichnungen laut Verordnung über brennbare Flüssigkeiten (VbF)?

1. Gefahrklasse A: Behälter enthält Alkohole
Gefahrklasse B: Behälter enthält Benzol

2. Gefahrklasse A: Behälter enthält nicht brennbare Flüssigkeit
Gefahrklasse B: Behälter enthält brennbare Flüssigkeit

3. Gefahrklasse A: Behälter enthält in Wasser lösliche, nicht brennbare Flüssigkeit
Gefahrklasse B: Behälter enthält in Wasser unlösliche, nicht brennbare Flüssigkeit

4. Gefahrklasse A: Behälter enthält in Wasser nicht lösliche, brennbare Flüssigkeit
Gefahrklasse B: Behälter enthält in Wasser lösliche, brennbare Flüssigkeit

5. Gefahrklasse A: Behälter enthält Flüssigkeiten, die im Brandfall mit Wasser gelöscht werden
Gefahrklasse B: Behälter enthält Benzine, die mit Wassersprühstrahl gelöscht werden

0696

Welcher Stoff mit den angegebenen Eigenschaften zählt nach der Verordnung über brennbare Flüssigkeiten (VbF) zur Gefahrenklasse A?

	Stoff	Flammpunkt	bei 15 °C in jedem Verhältnis in Wasser löslich
1	A	−12 °C	ja
2	B	29 °C	ja
3	C	111 °C	ja
4	E	122 °C	nein
5	D	45 °C	nein

0697

Welcher der genannten Stoffe gehört aufgrund der angegebenen Eigenschaften zu *keiner* der Gefahrklassen nach der Verordnung über brennbare Flüssigkeiten (VbF)?

	Stoff Nr.	Flammpunkt	bei 15 °C in jedem Verhältnis in Wasser löslich
1	A	110 °C	ja
2	B	20 °C	nein
3	C	50 °C	nein
4	D	65 °C	nein
5	E	−11 °C	ja

0698

Welches der genannten Lösemittel gehört der Gefahrklasse A der Verordnung über brennbare Flüssigkeiten
(VbF) an?

1. Aceton
2. Toluol
3. Methanol
4. Ethanol
5. 2-Propanol

0699

An welchem der genannten Orte ist die Lagerung brennbarer Flüssigkeiten unter bestimmten Bedingungen
zulässig?

1. Durchgänge und Durchfahrten
2. Treppenhäuser
3. Arbeitsräume
4. Flure
5. Dachböden von Wohnhäusern

0700

Welches der genannten Löschmittel hat die größte Kühl-
wirkung?

1. AB-Löschpulver
2. ABC-Löschpulver
3. Kohlenstoffdioxid
4. Wasser
5. Schaum

0701

Welches der genannten Löschmittel hinterläßt *keine*
Rückstände?

1. Wasser
2. Löschpulver
3. Kohlenstoffdioxid
4. Schaum
5. Löschsand

0702

Wo wird das abgebildete Hinweis-
zeichen angebracht?

1. Über Fernsprecheinrich-
tungen
2. In der Nähe von Fahrstühlen
3. Im Verlauf von Fluchtwegen
4. An Stellen, an denen sich Feuer-
löscheinrichtungen befinden
5. An Fahrradabstellplätzen

0703

Mit welchem Symbol ist ein Feuerlöscher gekennzeichnet,
der für die Bekämpfung von Flüssigkeitsbränden geeignet
ist?

1.
2.
3.
4.
5.

0704

Wie soll man sich verhalten, wenn man im Betrieb einen Brand bemerkt?

1. Zuerst den Vorgesetzten informieren und dann den Brand bekämpfen.

2. Den Brand zuerst selbst bekämpfen und wenn die Löschung nicht gelingt die Feuerwehr alarmieren.

3. Die Brandstelle sichern und danach die Feuerwehr anrufen.

4. Sofort die Feuerwehr anrufen und einweisen.

5. Zuerst Räumung des Betriebs veranlassen und dann die Feuerwehr alarmieren.

0705

Welche Maßnahme wäre bei Ausbruch eines Brands im Labor *falsch*?

1. Alle in der Nähe befindlichen brennbaren Stoffe entfernen.

2. Fenster öffnen.

3. Den Hauptgashahn schließen.

4. Stoffe, die gesundheitsschädliche Gase entwickeln können, entfernen.

5. Sofort an der Quelle des Brandes löschen.

0706

Welches Bild zeigt, wie ein Brand mit Handfeuerlöscher *nicht* bekämpft werden darf?

①

②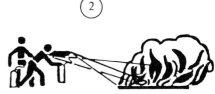

③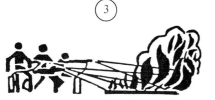

④

⑤

0707

Welche Vorgehensweise bei der Brandbekämpfung mit Handfeuerlöschern ist *falsch*?

1. Stets mit der Windrichtung löschen

2. Brandherd von unten nach oben ablöschen

3. Brennende Flüssigkeiten mit kräftigem Strahl von oben bekämpfen

4. Kleinbrände durch kurze Löschmittelstöße löschen

5. Größere Brände mit mehreren Feuerlöschern bekämpfen

0708

Welche Maßnahme ist als erste zu ergreifen, wenn die Bekleidung eines Mitarbeiters brennt?

1. Den nächsten Alarmknopf betätigen

2. Den Ausbilder rufen

3. Den Laborleiter herbeirufen

4. Den Brand durch eine Löschdecke oder eine Löschbrause zu ersticken versuchen

5. Einen Krankenwagen anfordern

Kopieren und jede Form der Vervielfältigung oder Reproduktion nicht gestattet.

133

0709

Welcher Stoff darf im Falle eines Brandes im Labor mit Wasser gelöscht werden?

1. Methanol
2. Benzin
3. Toluol
4. Benzol
5. Diethylether

0710

Welche brennende Flüssigkeit kann im Labor mit Wasser gelöscht werden?

1. Benzin
2. Benzol
3. Heizöl
4. Toluol
5. Ethanol

0711

In welchem Fall darf Wasser als Löschmittel verwendet werden?

1. Eine elektrische Schalttafel brennt.
2. Späne aus Magnesium brennen.
3. Ein Benzin-Faß brennt.
4. Ein Vorratslager mit anorganischen und organischen Chemikalien brennt.
5. Ein Kübel mit ölgetränkter Putzwolle brennt.

0712

Womit werden Natriumbrände gelöscht?

1. Mit Wasser
2. Mit Löschsand
3. Mit verdünnten Säuren
4. Mit Kohlenstoffdioxid
5. Mit Petroleum

0713

Welches Löschmittel soll verwendet werden, wenn Geräte brennen, die noch unter elektrischer Spannung stehen können?

1. Löschsand
2. Löschdecke
3. Kohlenstoffdioxid
4. Wasser
5. Schaum

0714

Warum darf ein Benzinbrand *nicht* mit Wasser gelöscht werden?

1. Weil das brennende Benzin mit Wasser reagiert
2. Weil sich das Wasser mit dem Benzin mischt
3. Weil das brennende Benzin Wasser zersetzt
4. Weil das Benzin auf dem Wasser schwimmt
5. Weil das Wasser auf dem Benzin schwimmt

0715

Welche Maßnahme gehört *nicht* zum Bereich des Umwelt-schutzes?

- (1) Recycling
- (2) Rückstandsverbrennung
- (3) Geruchsstoffadsorption
- (4) Kühlen von Kühlwasser vor dem Einleiten in einen Fluß
- (5) Austausch von Natur- gegen Mineraldünger

0716

Welcher Begriff gehört *nicht* in den Bereich des Umwelt-schutzes?

- (1) Sublimation
- (2) Emission
- (3) Immission
- (4) Recycling
- (5) Entsorgung

0717

Welche Maßnahme würde dem angewandten Umwelt-schutz widersprechen?

- (1) Rationeller Umgang mit Energien
- (2) Direkte Entsorgung aller Lösemittel durch Einleiten in den Abwasserkanal
- (3) Getrennte Entsorgung fester Hausmüll- und Chemikalienabfälle
- (4) Reinigung von Abgasen durch Filtration
- (5) Weiterverwertung von Nebenprodukten

0718

Welche Maßnahme trägt *nicht* zum Umweltschutz bei?

- (1) Verbrennungsmotor bei längerem Warten abstellen
- (2) Verbrennungsmotor im Stand warmlaufen lassen
- (3) Altöl zur Sammelstelle bringen
- (4) Abfälle in die entsprechenden Behälter bringen
- (5) Rauchgasentschwefelung bei Kraftwerken

0719

In welcher Auswahlantwort sind die vier Begriffe der modernen Abfallwirtschaft nach abnehmender Bedeutung richtig zugeordnet?

- (1) Beseitigen, Verwerten, Vermindern, Vermeiden
- (2) Verwerten, Vermeiden, Vermindern, Beseitigen
- (3) Vermindern, Vermeiden, Beseitigen, Verwerten
- (4) Verwerten, Vermeiden, Beseitigen, Vermindern
- (5) Vermeiden, Vermindern, Verwerten, Beseitigen

0720

Welche Form der Reststoffbehandlung ist bevorzugt anzuwenden?

- (1) Ablagern auf offener Deponie
- (2) Ablagern auf geschlossener Deponie
- (3) Verbrennen
- (4) Wiederverwerten
- (5) Verklappen

0721

Was versteht man unter „Recycling"?

1 Verarbeitung eines Reaktionsgases im Chemiebetrieb im Kreislaufverfahren

2 Verarbeitung eines reagierenden Feststoffes im Chemiebetrieb in Stufen

3 Wiederverwertung von Abfallstoffen und verbrauchten Produkten

4 Weitgehende Ausnutzung der Rohstoffe Kohle, Erdöl, Erdgas

5 Herabsetzung der Mengen von Abgas und Abwasser auf möglichst geringe Werte

0722

Welche Aussage über den Begriff Emission ist richtig?

1 Emission ist der Abrieb von Werkstoffoberflächen durch strömende Gase, Flüssigkeiten, Feststoffe bzw. deren Gemische.

2 Emission ist die Bezeichnung für Verfahren, mit denen radioaktive Abfälle entsorgt werden.

3 Emissionen sind die durch technische Vorgänge in die Atmosphäre gelangenden Stoffe, Geräusche und Strahlungen.

4 Emissionen sind Schadstoffe, die auf bodennahe Atmosphärenschichten einwirken.

5 Emissionen sind Verbindungen, die bei bestimmten Produkten, wie Öle, Fette und Lacke die Löslichkeit in Wasser erhöhen.

0723

Was versteht man unter „Emission" im Sinn der TA Luft?

1 In der Luft fein verteilte feste Verunreinigungen

2 In der Luft fein verteilte dampfförmige Verunreinigungen

3 Die von einer Anlage ausgehenden Luftverunreinigungen

4 In der Luft fein verteilte gasförmige Verunreinigungen

5 Die auf Menschen, Tiere und Pflanzen einwirkenden Luftverunreinigungen

0724

Welcher der genannten Begriffe gehört im Sinn der Umweltschutzbestimmungen *nicht* zu den Emissionen?

1 Schall

2 Licht

3 Abfall

4 Staub

5 Gase

0725

Welche der genannten Maßnahmen verringert die Emission von Staub aus einer chemischen Produktionsanlage am besten?

1 Verkleinern der Schornsteinhöhe der Produktionsanlage

2 Vergrößern der Schornsteinhöhe der Produktionsanlage

3 Umsetzung des Staubs mit konzentrierter Schwefelsäure

4 Häufiges Reinigen der Produktionsanlage

5 Einbau von Filtern in die Abgasreinigungsanlage

0726

Was versteht man unter „Immission"?

1 Die Verunreinigungen der Luft, die auf Lebewesen und Sachgüter einwirken

2 Alle von einer Anlage ausgehenden Luftverunreinigungen

3 Die Widerstandskraft von Lebewesen gegen bestimmte Stoffe

4 Eine Überempfindlichkeit von Lebewesen gegen bestimmte Stoffe

5 Eine Schutzmaßnahme gegen Lärm

0727

Welcher der genannten Stoffe ist ein Luftschadstoff?

(1) Edelgas

(2) Stickstoff

(3) Kohlenstoffdioxid

(4) Wasserdampf

(5) Stickstoffdioxid

0728

Welcher der genannten Stoffe gehört *nicht* zu den Luft-schadstoffen?

(1) Schwefeldioxid

(2) Nitrose Gase

(3) Argon

(4) Ruß

(5) Kohlenstoffmonoxid

0729

Welche der genannten Arbeiten führt zu einer Luft-verschmutzung?

(1) Arbeiten mit Seifenreinigern

(2) Verbrennen von Verpackungsmaterial

(3) Vergießen von Kabelmuffen

(4) Kleben von kleinen Metallteilen

(5) Anstreicharbeiten mit Acrylfarbe

0730

Welcher Stoff bzw. welche Stoffgruppe ist an der Zerstö-rung der Ozonschicht der Erdatmosphäre maßgeblich beteiligt?

(1) Edelgase

(2) Schwefeldioxid SO_2

(3) Kohlenstoffdioxid CO_2

(4) Fluorchlorkohlenwasserstoffe FCKW

(5) Säuren

0731

Welche Gefahr geht von radioaktiven Stoffen aus?

(1) Sie senden gesundheitsschädliche Strahlen aus.

(2) Sie haben korrodierende Wirkung.

(3) Sie sind leicht entflammbar.

(4) Sie sind stark magnetisch.

(5) Sie wirken oxidierend.

0732

Welches Gas, das zu den Gefahrstoffen zählt, entsteht beim Betrieb von Otto-(Benzin)Motoren?

(1) Wasserstoff

(2) Sauerstoff

(3) Propan

(4) Stickstoff

(5) Kohlenstoffmonoxid

Kopieren und jede Form der Vervielfältigung oder Reproduktion nicht gestattet.

137

0733

Welches Umweltgift ist in Leuchtstoffröhren enthalten?

1. Quecksilber
2. Arsen
3. Blei
4. Dioxin
5. Fluorchlorkohlenwasserstoff

0734

Wozu dient in Abfallverbrennungsanlagen ein Elektrofilter?

1. Zum Magnetisieren der im Abfall enthaltenen Eisenteile
2. Zum Abtrennen von magnetischen Bestandteilen aus dem Abfall
3. Zum Verbrennen des Abfalls im Lichtbogen
4. Zum Abtrennen von Staubteilchen aus dem Abgas
5. Zum Stabilisieren der Gleichspannung der Drehofenheizung

0735

Welche Aussage über die Beseitigung bzw. Verringerung von Luftverunreinigungen durch Stäube und Gase ist richtig?

1. Luftverunreinigungen durch Gase werden durch die Wirkung von Schwer- oder Fliehkraft mechanisch abgeschieden.
2. Bei der thermischen Abgasreinigung werden Kohlenwasserstoffe bei etwa 800 °C zu Kohlenstoffdioxid und Wasser oxidiert.
3. Luftverunreinigungen durch Stäube können nur durch katalytische Abgasreinigung entfernt werden.
4. Bei der thermischen Abgasreinigung werden Stäube verflüssigt und in Abscheidern gesammelt.
5. Luftverunreinigungen durch Stäube werden durch Adsorption an Aktivkohle zurückgehalten.

0736

Durch welches der genannten Verfahren kann Rauchgas entschwefelt werden?

1. Absorption von SO_3 durch Kalk unter der Bildung von Gips
2. Absorption von SO_2 durch Soda unter Bildung von Natriumsulfat
3. Adsorption von SO_2 durch Kalk unter der Bildung von Gips
4. Absorption von SO_2 durch Kalk unter der Bildung von Gips
5. Katalytische Oxidation an Platinnetzen

0737

Gesundheitsschädliche Dämpfe müssen abgesaugt werden. Was darf dabei *nicht* erfolgen?

1. Nachverbrennung
2. Filtration
3. Kondensation
4. Neutralisation
5. Emission

0738

In welchem der genannten Apparate können schädliche Abgase aus der Abluft abgetrennt werden?

1. Elektrofilter
2. Siebzentrifuge
3. Absorptionskolonne
4. Schlauchfilter
5. Fliehkraftabscheider

0739

Welche Aussage über die Abwasserreinigung ist richtig?

1. Die chemische Abwasserreinigung erfolgt durch Fliehkraftabscheidung in Zyklonen.
2. Durch die chemische Abwasserreinigung werden die bakteriologischen Verunreinigungen im Abwasser ausgefällt.
3. Im Schwimmstoffabscheider sammeln sich Stoffe mit einer kleineren Dichte als Wasser an der Oberfläche.
4. Im Belebungsbecken einer Abwasserreinigungsanlage wird das Abwasser durch Sedimentation gereinigt.
5. Eine Abwasserverbrennung muß vorgenommen werden, wenn toxische Verbindungen im Abwasser enthalten sind.

0740

Welche Aussage über die chemische Reinigungsstufe einer Abwasserreinigungsanlage ist richtig?

1. Alle Inhaltsstoffe des Abwassers werden durch chemische Zusätze ausgefällt.
2. Das Abwasser wird durch Zugabe von Calciumhydroxid alkalisch gestellt.
3. Das Abwasser wird durch Zugabe von Salzsäure angesäuert.
4. Die organischen Inhaltsstoffe des Abwassers werden durch Zugabe von Oxidationsmittel oxidiert.
5. Das Abwasser wird neutralisiert, die Phosphate werden durch Flockungsmittel ausgefällt.

0741

Welche Aussage über die biologische Abwasserreinigung ist richtig?

1. Die Konzentration des Bakterienschlamms im Belebungsbecken ist ohne Bedeutung.
2. Die Temperatur im Belebungsbecken ist für den Abbau der Schadstoffe durch die Bakterien ohne Bedeutung.
3. Die Bakterien können die unterschiedlichsten chemischen Verbindungen abbauen.
4. Die für die Abwasserreinigung erforderliche Vermehrung der Bakterien erfolgt ausschließlich im sauren Bereich.
5. Der vom Abwasser abgetrennte Klärschlamm wird nach der Filtration in den Vorfluter geleitet.

0742

Welche Stoffe werden in der biologischen Reinigungsstufe einer Kläranlage beseitigt?

1. Organische Stoffe
2. Salze
3. Metalle
4. Säuren
5. Gase

0743

Welcher pH-Wert soll in der biologischen Stufe einer Abwasserreinigungsanlage eingehalten werden, damit die Bakterien ihre Funktion erfüllen können?

1. pH 2
2. pH 4
3. pH 7
4. pH 9
5. pH 11

0744

Welche Aussage über das Belebungsbecken einer Abwasserreinigungsanlage ist richtig?

1. Im Belebungsbecken wird das Abwasser durch Sedimentation gereinigt.
2. Im Belebungsbecken wird das Abwasser durch Einleiten von Dampf entkeimt.
3. Im Belebungsbecken werden sehr fein verteilte Verunreinigungen durch Zugabe von Flockungsmitteln niedergeschlagen.
4. Im Belebungsbecken wird das Abwasser neutralisiert, weil die Bakterien ihre Funktion nur im Neutralbereich erfüllen können.
5. Im Belebungsbecken wird eine hohe Konzentration an Bakterienschlamm aufrechterhalten.

0745

Welcher der genannten Begriffe ist *keine* Kenngröße für die Abwasserqualität?

1. Adsorbierbare organische Halogenverbindungen (AOX)

2. Chemischer Sauerstoff-Bedarf (CSB)

3. Biologischer Sauerstoff-Bedarf (BSB)

4. Biologische Arbeitsstoff-Toleranz (BAT)

5. Totaler organischer Kohlenstoffgehalt (TOC)

0746

Welche Umweltschädigungen treten auf, wenn Kerosin oder Öl in das Erdreich einsickert?

1. Der Boden wird zu fett.

2. Die Grasnarbe wird überdüngt.

3. Alle Insekten in unmittelbarer Umgebung der verunreinigten Stelle sterben.

4. Es entsteht Brandgefahr.

5. Boden und Grundwasser werden verunreinigt.

0747

Womit kann ausgelaufenes Öl aufgenommen werden?

1. Drehspäne

2. Sägespäne

3. Wasser

4. Reinigungsbenzin

5. Stahlwolle

0748

Welche Entsorgung ist für umweltgefährdende Abfälle aus der Kunststoffindustrie vorgeschrieben?

1. Versenken in Wasser

2. Vergraben im Erdreich

3. Entsorgen als Sondermüll

4. Vermischen mit Hausmüll

5. Verbrennen in der Heizungsanlage

0749

Warum werden Transformatoren mit Clophenfüllung besonders gekennzeichnet?

1. Weil Clophen leicht brennbar ist

2. Weil Clophene Ultragifte (Dioxin) entwickeln können

3. Weil clophenhaltige Transformatoren nicht gewartet zu werden brauchen

4. Weil Transformatorzellen mit clophenhaltigen Transformatoren immer gut belüftet werden müssen

5. Weil die Clophenfüllung halbjährlich erneuert werden muß

0750

Welches Gesetz bzw. welche Vorschrift schreibt persönlichen Gehörschutz bei einem Dauerlärmpegel von mehr als 90 dB (A) zwingend vor?

1. UVV „Lärm"

2. Reichsversicherungsordnung

3. Arbeitsstoffverordnung

4. Betriebsverfassungsgesetz

5. Gewerbeordnung

Testaufgaben aus der PAL-Aufgabenbank
Chemieberufe · Labortechnik, Lösungsschlüssel

Zur Beachtung:
Bei der Verwendung der Testaufgaben aus der PAL-Aufgabenbank innerhalb der betrieblichen und der schulischen Lehrstoffvermittlung muß der Lehrende entscheiden, ob der Lösungsschlüssel, der sich leicht heraustrennen läßt, dem Auszubildenden zugänglich gemacht werden soll oder nicht.

Aufgaben Nr.	richtig ist	Aufgaben Nr.	richtig ist	Aufgaben Nr.	richtig ist	Aufgaben Nr.	richtig ist	Aufgaben Nr.	richtig ist	Aufgaben Nr.	richtig ist	Aufgaben Nr.	richtig ist	Aufgaben Nr.	richtig ist	Aufgaben Nr.	richtig ist	Aufgaben Nr.	richtig ist
0001	1	0062	2	0122	2	0183	1	0243	3	0303	4	0364	1	0424	5	0485	4	0545	3
0002	5	0063	2	0123	1	0184	2	0244	1	0304	5	0365	4	0425	5	0486	4	0546	1
0003	3	0064	4	0124	2	0185	5	0245	5	0305	2	0366	2	0426	5	0487	5	0547	4
0004	2	0065	1	0125	2	0186	2	0246	2	0306	3	0367	2	0427	5	0488	3	0548	5
0005	3	0066	5	0126	1	0187	2	0247	2	0307	1	0368	4	0428	1	0489	1	0549	1
0006	2	0067	5	0127	5	0188	1	0248	5	0308	1	0369	3	0429	3	0490	4	0550	4
0007	3	0068	1	0128	4	0189	5	0249	5	0309	2	0370	1	0430	3	0491	3	0551	3
0008	4	0069	3	0129	4	0190	1	0250	2	0310	5	0371	5	0431	5	0492	3	0552	3
0009	4	0070	2	0130	3	0191	4	0251	5	0311	2	0372	5	0432	3	0493	3	0553	5
0010	1	0071	4	0131	1	0192	3	0252	5	0312	5	0373	1	0433	4	0494	2	0554	4
0011	2	0072	1	0132	5	0193	1	0253	3	0313	1	0374	5	0434	2	0495	2	0555	3
0012	5	0073	4	0133	5	0194	3	0254	2	0314	4	0375	4	0435	5	0496	5	0556	5
0013	4	0074	3	0134	2	0195	1	0255	3	0315	1	0376	4	0436	3	0497	2	0557	2
0014	5	0075	1	0135	4	0196	2	0256	2	0316	3	0377	5	0437	3	0498	5	0558	3
0015	3	0076	5	0136	3	0197	2	0257	1	0317	2	0378	5	0438	4	0499	1	0559	2
0016	2	0077	5	0137	2	0198	1	0258	2	0318	1	0379	3	0439	2			0560	2
0017	3	0078	4	0138	4	0199	5	0259	1	0319	1	0380	4	0440	2	0500	4	0561	4
0018	2	0079	4	0139	3			0260	4	0320	3	0381	2	0441	1	0501	4	0562	2
0019	1	0080	1	0140	1	0200	2	0261	5	0321	4	0382	2	0442	4	0502	3	0563	4
0020	3	0081	5	0141	1	0201	3	0262	3	0322	2	0383	5	0443	2	0503	5	0564	4
0021	5	0082	1	0142	5	0202	4	0263	5	0323	2	0384	1	0444	5	0504	4	0565	2
0022	2	0083	5	0143	2	0203	4	0264	2	0324	2	0385	2	0445	4	0505	3	0566	1
0023	1	0084	1	0144	2	0204	1	0265	2	0325	5	0386	3	0446	4	0506	1	0567	5
0024	3	0085	2	0145	2	0205	2	0266	2	0326	4	0387	2	0447	2	0507	3	0568	2
0025	5	0086	2	0146	2	0206	2	0267	3	0327	3	0388	2	0448	1	0508	3	0569	1
0026	4	0087	5	0147	3	0207	4	0268	2	0328	5	0389	1	0449	3	0509	5	0570	1
0027	2	0088	2	0148	1	0208	1	0269	1	0329	5	0390	1	0450	4	0510	3	0571	3
0028	2	0089	4	0149	4	0209	4	0270	1	0330	1	0391	1	0451	4	0511	1	0572	1
0029	2	0090	3	0150	4	0210	3	0271	2	0331	3	0392	4	0452	4	0512	3	0573	5
0030	2	0091	5	0151	4	0211	4	0272	3	0332	2	0393	4	0453	4	0513	3	0574	2
0031	1	0092	4	0152	2	0212	5	0273	5	0333	5	0394	4	0454	2	0514	1	0575	3
0032	5	0093	5	0153	2	0213	5	0274	4	0334	3	0395	2	0455	2	0515	2	0576	5
0033	2	0094	5	0154	3	0214	4	0275	4	0335	5	0396	5	0456	2	0516	1	0577	2
0034	2	0095	2	0155	3	0215	3	0276	5	0336	5	0397	2	0457	2	0517	5	0578	3
0035	5	0096	3	0156	2	0216	5	0277	4	0337	5	0398	2	0458	4	0518	3	0579	5
0036	2	0097	3	0157	4	0217	2	0278	5	0338	3	0399	1	0459	5	0519	1	0580	5
0037	1	0098	3	0158	4	0218	2	0279	2	0339	2			0460	3	0520	1	0581	3
0038	4	0099	1	0159	5	0219	4	0280	1	0340	1	0400	1	0461	4	0521	5	0582	4
0039	3			0160	3	0220	3	0281	1	0341	1	0401	5	0462	2	0522	2	0583	4
0040	4	0100	3	0161	3	0221	3	0282	3	0342	2	0402	3	0463	3	0523	1	0584	5
0041	1	0101	2	0162	1	0222	2	0283	4	0343	1	0403	1	0464	3	0524	2	0585	1
0042	1	0102	1	0163	1	0223	2	0284	4	0344	2	0404	5	0465	3	0525	5	0586	3
0043	2	0103	3	0164	4	0224	3	0285	2	0345	3	0405	4	0466	4	0526	1	0587	4
0044	1	0104	4	0165	5	0225	5	0286	3	0346	5	0406	2	0467	3	0527	2	0588	4
0045	1	0105	3	0166	5	0226	1	0287	3	0347	5	0407	4	0468	3	0528	1	0589	1
0046	1	0106	2	0167	2	0227	4	0288	3	0348	2	0408	3	0469	2	0529	3	0590	1
0047	4	0107	1	0168	5	0228	4	0289	2	0349	5	0409	1	0470	2	0530	3	0591	3
0048	1	0108	3	0169	3	0229	4	0290	1	0350	1	0410	2	0471	2	0531	4	0592	3
0049	1	0109	1	0170	4	0230	3	0291	5	0351	2	0411	5	0472	1	0532	2	0593	1
0050	3	0110	3	0171	2	0231	2	0292	1	0352	5	0412	2	0473	1	0533	3	0594	3
0051	3	0111	2	0172	1	0232	3	0293	5	0353	5	0413	3	0474	5	0534	5	0595	5
0052	2	0112	4	0173	3	0233	2	0294	3	0354	4	0414	4	0475	3	0535	3	0596	4
0053	4	0113	2	0174	1	0234	5	0295	2	0355	3	0415	5	0476	1	0536	3	0597	5
0054	2	0114	5	0175	5	0235	1	0296	4	0356	4	0416	5	0477	1	0537	4	0598	4
0055	4	0115	3	0176	4	0236	2	0297	4	0357	5	0417	3	0478	3	0538	3	0599	2
0056	4	0116	2	0177	1	0237	3	0298	4	0358	1	0418	3	0479	2	0539	5		
0057	5	0117	3	0178	2	0238	3	0299	3	0359	2	0419	2	0480	1	0540	5	0600	2
0058	3	0118	1	0179	1	0239				0360	3	0420	4	0481	4	0541	1	0601	1
0059	2	0119	5	0180	5	0240	1	0300	2	0361	4	0421	1	0482	2	0542	2	0602	4
0060	2	0120	3	0181	4	0241	5	0301	4	0362	1	0422	4	0483	5	0543	3	0603	1
0061	5	0121	5	0182	4	0242	1	0302	1	0363	5	0423	5	0484	1	0544	2	0604	4

Auf-gaben Nr.	rich-tig ist	Auf-gaben Nr.	rich-tig ist	Auf-gaben Nr.	rich-tig ist	Auf-gaben Nr.	rich-tig ist	Auf-gaben Nr.	rich-tig ist	Auf-gaben Nr.	rich-tig ist	Auf-gaben Nr.	rich-tig ist	Auf-gaben Nr.	rich-tig ist	Auf-gaben Nr.	rich-tig ist	Auf-gaben Nr.	rich-tig ist
0605	2	0671	3	0736	4														
0606	5	0672	2	0737	5														
0607	3	0673	5	0738	3														
0608	2	0674	3	0739	3														
0609	3	0675	4	0740	5														
0610	5	0676	1	0741	3														
0611	2	0677	3	0742	1														
0612	3	0678	3	0743	3														
0613	4	0679	2	0744	5														
0614	3	0680	5	0745	4														
0615	1	0681	1	0746	5														
0616	2	0682	3	0747	2														
0617	2	0683	4	0748	3														
0618	5	0684	3	0749	2														
0619	3	0685	2	0750	1														
0620	5	0686	5																
0621	1	0687	5																
0622	4	0688	3																
0623	1	0689	1																
0624	3	0690	1																
0625	1	0691	2																
0626	2	0692	3																
0627	4	0693	1																
0628	1	0694	3																
0629	3	0695	4																
0630	3	0696	5																
0631	5	0697	1																
0632	3	0698	2																
0633	3	0699	3																
0634	1																		
0635	2	0700	4																
0636	4	0701	3																
0637	2	0702	4																
0638	1	0703	2																
0639	5	0704	4																
0640	3	0705	2																
0641	4	0706	4																
0642	2	0707	3																
0643	1	0708	4																
0644	4	0709	1																
0645	3	0710	5																
0646	3	0711	5																
0647	2	0712	2																
0648	2	0713	3																
0649	2	0714	4																
0650	2	0715	5																
0651	2	0716	1																
0652	5	0717	2																
0653	5	0718	2																
0654	5	0719	5																
0655	5	0720	4																
0656	1	0721	3																
0657	5	0722	3																
0658	2	0723	3																
0659	3	0724	3																
0660	1	0725	5																
0661	1	0726	1																
0662	1	0727	5																
0663	1	0728	3																
0664	4	0729	2																
0665	3	0730	4																
0666	5	0731	1																
0667	2	0732	5																
0668	5	0733	1																
0669	1	0734	4																
0670	2	0735	2																

Chemieberufe · Labortechnik · 3. völlig überarbeitete Auflage 1999

Lieferübersicht

Stand: 01.04.2004 – Alle Preise sind inkl. gesetzl. Mehrwertsteuer. Preisänderungen und Irrtümer vorbehalten.

Technisches Institut für
Aus- und Weiterbildung

Aufgabenbanken

Metallberufe (Neue Ausbildungsordnung)

Technologie Teil 1
Grundkenntnisse
(14. völlig neu bearbeitete Auflage 1996)

Werkstofftechnik · Fertigungstechnik · Fügen · Prüftechnik

Bestell-Nr. 100030   **EUR 17,80**

Projekt Kegelradantrieb
Diese Aufgabenbank umfasst Testaufgaben für Technologie, Arbeitsplanung, technische Mathematik und techn. Kommunikation. Sie ist besonders zur Vorbereitung auf die Abschlussprüfung für Industriemechaniker geeignet.
Bestell-Nr. 70328   **EUR 14,80**

Lösungshinweise
Bestell-Nr. 70329   **EUR 8,00**

Paket
Bestell-Nr. 70330   **EUR 19,80**

Projekt Druckluftantrieb
Diese Aufgabenbank umfasst Testaufgaben für die Berufsbildung in der Metalltechnik. Enthalten sind überwiegend frei beantwortbare Testaufgaben und einige Multiple-Choice-Aufgaben.
Bestell-Nr. 70453   **EUR 14,80**

Lösungshinweise
Bestell-Nr. 70454   **EUR 8,00**

Paket
Bestell-Nr. 70455   **EUR 19,80**

Industrie-, Werkzeug-, Zerspanungsmechaniker

Technische Kommunikation Teil 1
(15. verbesserte Auflage 1996)

Allgemeine Zeichenregeln · Raumvorstellung · Maßeintragung · Darstellung von Bauelementen · Darstellung von Verbindungen · Gemischte Aufgaben · Lesen von Gesamtzeichnungen · Geometrische Grundkonstruktionen · Grafische Darstellungen · Tabellen
Bestell-Nr. 100034   **EUR 17,80**

Technische Mathematik
(18. völlig neu bearbeitete Auflage 1999)

Für alle Metallberufe: Allgemeine Grundlagen · Physikalische Berechnungen · Prüftechnik · Festigkeitsberechnungen · Maschinentechnische Berechnungen · Elektrotechnik · Steuerungstechnik · NC-Technik · Drehtechnik · Frästechnik · Werkzeugtechnik · Formentechnik · Lohn- und Kostenberechnung
Bestell-Nr. 100040   **EUR 17,80**

Lösungshinweise
Technische Mathematik
zur 17. und 18. Auflage
Bestell-Nr. 100130   **EUR 13,70**

Formelsammlung

Industriemechaniker

Aufgaben für die praktische Ausbildung in der Steuerungstechnik
Teil 1 Pneumatik
(5. überarbeitete Auflage 1998)

Diese PAL-Aufgabenbank (Ordner) enthält 30 Aufgaben für die Herstellung pneumatischer Steuerungen. Die Aufgaben entsprechen in Inhalt und Aufbau den PAL-Aufgaben, wie sie auch bei Abschlussprüfungen der IHK verlangt werden können.
Bestell-Nr. 100047   **EUR 31,50**

Lösungshinweise zum Teil 1 (5. überarbeitete Auflage 1998)
Bestell-Nr. 100048   **EUR 9,80**

Teil 2 Elektropneumatik
(2. überarbeitete Auflage 1998)

Diese PAL-Aufgabenbank (Ordner) enthält 30 Aufgaben für die Herstellung elektropneumatischer Steuerungen. Die Aufgaben entsprechen in Inhalt und Aufbau den PAL-Aufgaben, wie sie auch bei Abschlussprüfungen der IHK verlangt werden können.
Bestell-Nr. 100052   **EUR 31,50**

Lösungshinweise zum Teil 2 (2. überarbeitete Auflage 1998)
Bestell-Nr. 100053   **EUR 9,80**

Industrie-, Werkzeug-, Zerspanungsmechaniker

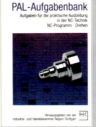

Aufgaben für die praktische Ausbildung in der NC-Technik Drehen
(3. verbesserte Auflage 1997)

Diese PAL-Aufgabenbank (Ordner) enthält ausführliche Erläuterungen zum Prüfungsstück „Erstellen eines NC-Programms", das in der Abschlussprüfung bearbeitet werden muss, sowie 15 Aufgaben aus der Drehtechnik, die weitgehend diesem Prüfungsstück entsprechen.
Bestell-Nr. 100054   **EUR 47,90**

Lösungen
Aufgaben für die praktische Ausbildung in der NC-Technik Drehen
Bestell-Nr. 100055   **EUR 16,80**

Aufgaben für die praktische Ausbildung in der NC-Technik Fräsen
(3. verbesserte Auflage 1997)

Diese PAL-Aufgabenbank (Ordner) enthält ausführliche Erläuterungen zum Prüfungsstück „Erstellen eines NC-Programms", das in der Abschlussprüfung bearbeitet werden muss, sowie 15 Aufgaben aus der Frästechnik, die weitgehend diesem Prüfungsstück entsprechen.
Bestell-Nr. 100056   **EUR 47,90**

Lösungen
Aufgaben für die praktische Ausbildung in der NC-Technik Fräsen
Bestell-Nr. 100057   **EUR 16,80**

Metallberufe
Technischer Zeichner
Maschinen und Anlagentechnik
(3. Auflage 2001)
Bestell-Nr. 100114   **EUR 6,90**

Elektroberufe

Energieelektroniker · Industrieelektroniker

Technologie Teil 1 und Repetitor
(PAL-Aufgabenbank + PC-unterstützte Leistungsmessung)
Bestell-Nr. 100161   **EUR 29,80**

Technologie Teil 1
(9. verbesserte Auflage 1998)
Werkstofftechnik · Grundlagen der Elektrotechnik ·
Messtechnik · Arbeitssicherheit
Bestell-Nr. 100060   **EUR 17,80**

Repetitor zur PAL-Aufgabenbank
Technologie Teil 1
PC-unterstützte Leistungsmessung (nur in Verbindung
mit der PAL-Aufgabenbank, 7–9. Aufl., verwendbar).
Bestell-Nr. 100073   **EUR 15,20**

Technologie Teil 2 und Repetitor
(PAL-Aufgabenbank + PC-unterstützte Leistungsmessung)
Bestell-Nr. 100162   **EUR 29,80**

Technologie Teil 2
(9. Auflage 1998)
Elektrische Maschinen · Elektrische Anlagen ·
Grundlagen der Elektronik · Schaltungen der
Elektronik und Leistungselektronik
Bestell-Nr. 100061   **EUR 17,80**

Repetitor zur PAL-Aufgabenbank
Technologie Teil 2
PC-unterstützte Leistungsmessung (nur in Verbindung
mit der PAL-Aufgabenbank, 9. Auflage, verwendbar).
Bestell-Nr. 100076   **EUR 15,20**

Technologie Teil 3 und Repetitor
(PAL-Aufgabenbank + PC-unterstützte Leistungsmessung)
Bestell-Nr. 100163   **EUR 29,80**

Technologie Teil 3
(9. verbesserte Auflage 1999)
Digitaltechnik · Mikrocomputertechnik ·
Automatisierungstechnik
Bestell-Nr. 100062   **EUR 17,80**

Repetitor zur PAL-Aufgabenbank
Technologie Teil 3
PC-unterstützte Leistungsmessung (nur in Verbindung
mit der PAL-Aufgabenbank, 8. + 9. Auflage, ver-
wendbar).
Bestell-Nr. 100079   **EUR 15,20**

Technische Mathematik
(10. völlig überarbeitete Auflage 2000)
Allgemeine Grundlagen · Grundlagen der Elektronik ·
Elektronik, Digitaltechnik · Messtechnik · Elektrische
Maschinen
Bestell-Nr. 100063   **EUR 17,80**

Alle Elektroberufe

Technische Kommunikation Teil 1
(8. völlig überarbeitete Auflage 1997)
Lesen von grafischen Darstellungen, Tabellen,
Datenblättern und technischen Zeichnungen ·
Dokumentationen der Elektrotechnik · Lesen und
Ergänzen von Schaltplänen der Installationstechnik,
elektrischen Maschinen, der Elektronik und der
Digitaltechnik · Lesen und Ergänzen von SPS-Funk-
tionsdiagrammen und SPS-Programmen
Bestell-Nr. 100064   **EUR 17,80**

Chemieberufe

Technologie Teil 1 · Chemie
(6. völlig überarbeitete Auflage 1997)   Bestell-Nr. 100005   **EUR 17,80**

Technologie Teil 2 · Physik und Analytik
(4. völlig überarbeitete Auflage 1997)   Bestell-Nr. 100006   **EUR 17,80**

Labortechnik
(4. völlig überarbeitete Auflage 1999)   Bestell-Nr. 100007   **EUR 17,80**

Technische Mathematik
(3. überarbeitete Auflage 1999)   Bestell-Nr. 100008   **EUR 17,80**

Kenntnisbank der Praxis

Lesen und Erstellen von Werkstattzeichnungen

Band 1 · Grundlagen
(7. überarbeitete Auflage 1996)
Der Band 1 enthält auf 80 Seiten im Format
210 x 210 mm die für den Auszubildenden und für
den Facharbeiter wichtigsten Zeichenregeln (Zeich-
nungsnormen). Durch die tabellarische Darstellung
der Zeichenregeln eignet sich die Kenntnisbank der
Praxis besonders gut als Nachschlagewerk.
Bestell-Nr. 100133   **EUR 9,10**

Band 2 · Zeichenlehrgang mit
Werkstückmodellen
(1. Auflage 1994)
Der Band 2 enthält alle notwendigen Hinweise zum
Anfertigen einer Werkstattzeichnung sowie
50 Aufgaben, mit denen diese Qualifikation vermittelt
werden kann. 25 Aufgaben beziehen sich auf die
mitgelieferten 12 Werkstückmodelle.
Bei 20 Aufgaben muss die Werkstattzeichnung aus
dem Raumbild eines Werkstücks entwickelt werden
und bei 5 Aufgaben ist aus der Darstellung nach
DIN 6 das Raumbild des Werkstücks zu zeichnen.
Bestell-Nr. 100150   **EUR 45,40**

Formelsammlungen

Die Formelsammlungen wurden speziell für die Verwendung in den Zwischen-
und Abschlussprüfungen der Industrie- und Handelskammern erarbeitet.

Elektroberufe

Energietechnik
(5. überarbeitete Auflage 2003)
Bestell-Nr. 100131   **EUR 6,90**

Nachrichtentechnik
(4. überarbeitete Auflage 2003)
Bestell-Nr. 100132   **EUR 6,90**

Bauberufe

Bauzeichner/-in,
Beton- und Stahlbetonbauer, Maurer,
Straßenbauer, Zimmerer
(3. Auflage 2004)
Bestell-Nr. 100120   **EUR 6,90**

Dr.-Ing. Paul Christiani GmbH & Co. KG · Technisches Institut für Aus- und Weiterbildung · Hermann-Hesse-Weg 2 · 78464 Konstanz

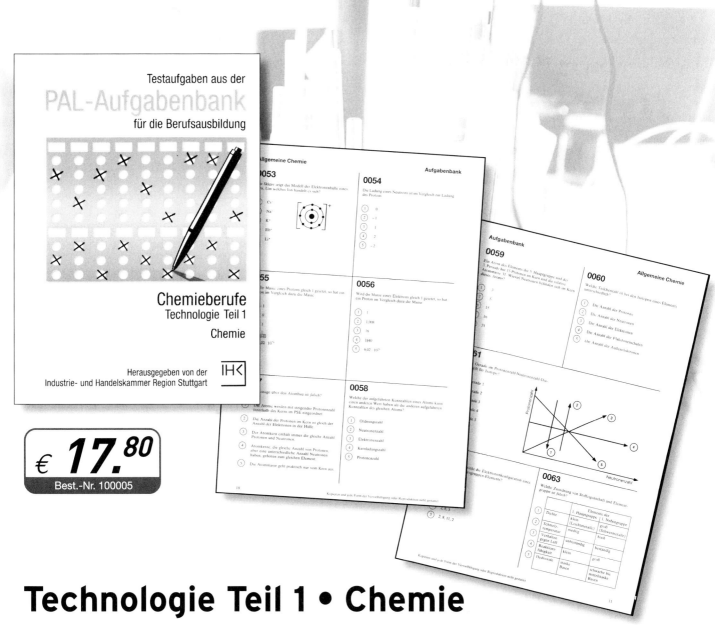

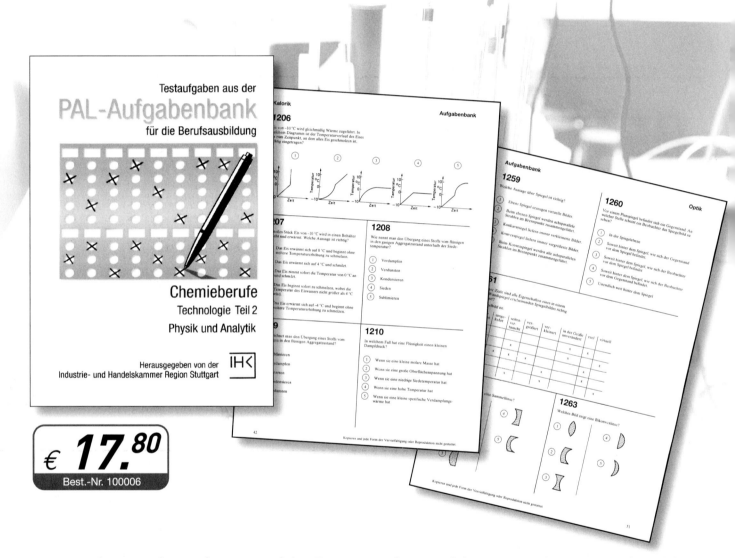

Christiani

Technisches Institut für
Aus- und Weiterbildung

Bestellkarte

Senden Sie mir die eingetragene Stückzahl bitte gegen Rechnung an die umstehende Adresse:

Stück	Best.-Nr.	Titel	EUR
Metallberufe			
……	100030	Technologie Teil 1 · Grundkenntnisse	17,80
……	100040	Technische Mathematik	17,80
……	100034	Technische Kommunikation Teil 1	17,80
……	100047	Steuerungstechnik Teil 1 Pneumatik	31,50
……	100048	Steuerungstechnik Teil 1 Pneumatik Lösungen	9,80
……	100052	Steuerungstechnik Teil 2 Elektropneumatik	31,50
……	100053	Steuerungstechnik Teil 2 Elektropneumatik Lösungen	9,80
……	100054	NC-Technik · Drehen	47,90
……	100055	NC-Technik · Drehen Lösungsband mit Diskette	16,80
……	100056	NC-Technik · Fräsen	47,90
……	100057	NC-Technik · Fräsen Lösungsband mit Diskette	16,80
……	19-70328	Kegelradgetriebe · Aufgabenbank	14,80
……	19-70329	Kegelradgetriebe · Lösungshinweise	8,00
……	19-70330	Kegelradgetriebe · Im Paket (Aufgabenbank und Lösungshinweise)	19,80
……	19-70453	Druckluftantrieb · Aufgabenbank	14,80
……	19-70454	Druckluftantrieb · Lösungshinweise	8,00
……	19-70455	Druckluftantrieb · Im Paket (Aufgabenbank und Lösungshinweise)	19,80
Elektroberufe			
……	100161	Technologie Teil 1 – PAL-Aufgabenbank + Repetitor	29,80
……	100060	Technologie Teil 1	17,80
……	100073	Technologie Teil 1 – Repetitor	15,20
……	100162	Technologie Teil 2 – PAL-Aufgabenbank + Repetitor	29,80
……	100061	Technologie Teil 2	17,80
……	100076	Technologie Teil 2 – Repetitor	15,20
……	100163	Technologie Teil 3 – PAL-Aufgabenbank + Repetitor	29,80
……	100062	Technologie Teil 3	17,80
……	100079	Technologie Teil 3 – Repetitor	15,20
……	100064	Technische Kommunikation Teil 1	17,80
Chemieberufe			
……	100005	Technologie Teil 1 · Chemie	17,80
……	100006	Technologie Teil 2 · Physik und Analytik	17,80
……	100007	Labortechnik	17,80
……	100008	Technische Mathematik	17,80
Für alle Berufe – Wirtschafts- und Sozialkunde			
……	100160	Aufgabenbank und Repetitor	29,80
……	100038	Aufgabenbank	17,80
……	100070	Repetitor	15,20

Preise inkl. MwSt. zuzügl. EUR 3,90 Versandkostenanteil pro Lieferung.
(Preisänderungen vorbehalten.)

Datum …… Unterschrift ……

Aufgabenbanken

Christiani

Technisches Institut für
Aus- und Weiterbildung

Bestellkarte

Senden Sie mir die eingetragene Stückzahl bitte gegen Rechnung an die umstehende Adresse:

Stück	Best.-Nr.	Titel	EUR
Metallberufe			
……	100030	Technologie Teil 1 · Grundkenntnisse	17,80
……	100040	Technische Mathematik	17,80
……	100034	Technische Kommunikation Teil 1	17,80
……	100047	Steuerungstechnik Teil 1 Pneumatik	31,50
……	100048	Steuerungstechnik Teil 1 Pneumatik Lösungen	9,80
……	100052	Steuerungstechnik Teil 2 Elektropneumatik	31,50
……	100053	Steuerungstechnik Teil 2 Elektropneumatik Lösungen	9,80
……	100054	NC-Technik · Drehen	47,90
……	100055	NC-Technik · Drehen Lösungsband mit Diskette	16,80
……	100056	NC-Technik · Fräsen	47,90
……	100057	NC-Technik · Fräsen Lösungsband mit Diskette	16,80
……	19-70328	Kegelradgetriebe · Aufgabenbank	14,80
……	19-70329	Kegelradgetriebe · Lösungshinweise	8,00
……	19-70330	Kegelradgetriebe · Im Paket (Aufgabenbank und Lösungshinweise)	19,80
……	19-70453	Druckluftantrieb · Aufgabenbank	14,80
……	19-70454	Druckluftantrieb · Lösungshinweise	8,00
……	19-70455	Druckluftantrieb · Im Paket (Aufgabenbank und Lösungshinweise)	19,80
Elektroberufe			
……	100161	Technologie Teil 1 – PAL-Aufgabenbank + Repetitor	29,80
……	100060	Technologie Teil 1	17,80
……	100073	Technologie Teil 1 – Repetitor	15,20
……	100162	Technologie Teil 2 – PAL-Aufgabenbank + Repetitor	29,80
……	100061	Technologie Teil 2	17,80
……	100076	Technologie Teil 2 – Repetitor	15,20
……	100163	Technologie Teil 3 – PAL-Aufgabenbank + Repetitor	29,80
……	100062	Technologie Teil 3	17,80
……	100079	Technologie Teil 3 – Repetitor	15,20
……	100064	Technische Kommunikation Teil 1	17,80
Chemieberufe			
……	100005	Technologie Teil 1 · Chemie	17,80
……	100006	Technologie Teil 2 · Physik und Analytik	17,80
……	100007	Labortechnik	17,80
……	100008	Technische Mathematik	17,80
Für alle Berufe – Wirtschafts- und Sozialkunde			
……	100160	Aufgabenbank und Repetitor	29,80
……	100038	Aufgabenbank	17,80
……	100070	Repetitor	15,20

Preise inkl. MwSt. zuzügl. EUR 3,90 Versandkostenanteil pro Lieferung.
(Preisänderungen vorbehalten.)

Datum …… Unterschrift ……

Aufgabenbanken

Christiani

Technisches Institut für
Aus- und Weiterbildung

Bestellkarte

Senden Sie mir die eingetragene Stückzahl bitte gegen Rechnung an die umstehende Adresse:

Stück	Best.-Nr.	Titel	EUR
Metallberufe			
……	100030	Technologie Teil 1 · Grundkenntnisse	17,80
……	100040	Technische Mathematik	17,80
……	100034	Technische Kommunikation Teil 1	17,80
……	100047	Steuerungstechnik Teil 1 Pneumatik	31,50
……	100048	Steuerungstechnik Teil 1 Pneumatik Lösungen	9,80
……	100052	Steuerungstechnik Teil 2 Elektropneumatik	31,50
……	100053	Steuerungstechnik Teil 2 Elektropneumatik Lösungen	9,80
……	100054	NC-Technik · Drehen	47,90
……	100055	NC-Technik · Drehen Lösungsband mit Diskette	16,80
……	100056	NC-Technik · Fräsen	47,90
……	100057	NC-Technik · Fräsen Lösungsband mit Diskette	16,80
……	19-70328	Kegelradgetriebe · Aufgabenbank	14,80
……	19-70329	Kegelradgetriebe · Lösungshinweise	8,00
……	19-70330	Kegelradgetriebe · Im Paket (Aufgabenbank und Lösungshinweise)	19,80
……	19-70453	Druckluftantrieb · Aufgabenbank	14,80
……	19-70454	Druckluftantrieb · Lösungshinweise	8,00
……	19-70455	Druckluftantrieb · Im Paket (Aufgabenbank und Lösungshinweise)	19,80
Elektroberufe			
……	100161	Technologie Teil 1 – PAL-Aufgabenbank + Repetitor	29,80
……	100060	Technologie Teil 1	17,80
……	100073	Technologie Teil 1 – Repetitor	15,20
……	100162	Technologie Teil 2 – PAL-Aufgabenbank + Repetitor	29,80
……	100061	Technologie Teil 2	17,80
……	100076	Technologie Teil 2 – Repetitor	15,20
……	100163	Technologie Teil 3 – PAL-Aufgabenbank + Repetitor	29,80
……	100062	Technologie Teil 3	17,80
……	100079	Technologie Teil 3 – Repetitor	15,20
……	100064	Technische Kommunikation Teil 1	17,80
Chemieberufe			
……	100005	Technologie Teil 1 · Chemie	17,80
……	100006	Technologie Teil 2 · Physik und Analytik	17,80
……	100007	Labortechnik	17,80
……	100008	Technische Mathematik	17,80
Für alle Berufe – Wirtschafts- und Sozialkunde			
……	100160	Aufgabenbank und Repetitor	29,80
……	100038	Aufgabenbank	17,80
……	100070	Repetitor	15,20

Preise inkl. MwSt. zuzügl. EUR 3,90 Versandkostenanteil pro Lieferung.
(Preisänderungen vorbehalten.)

Datum …… Unterschrift ……

Kenntnisbank der Praxis
Lesen und Erstellen von Werkstattzeichnungen

Stück	Best.-Nr.	Titel	EUR
....	100133	**Band 1 · Grundlagen**	9,10
....	100150	**Band 2** **Zeichenlehrgang mit** **Werkstückmodellen**	45,40

Formelsammlungen

Stück	Best.-Nr.	Titel	EUR
....	100114	**Metallberufe**	6,90
....	100131	**Energietechnik**	6,90
....	100132	**Nachrichtentechnik**	6,90
....	100120	**Bauberufe**	6,90

Preise inkl. MwSt. zuzügl. EUR 3,90 Versandkostenanteil pro Lieferung.
(Preisänderungen vorbehalten.)

....
Datum   Unterschrift, Kundennummer

Absender (bitte in Druckschrift)

....
Name, Vorname / Firma

....
Straße, Nr.

....
PLZ/Ort

Kostenlose Gesamtübersicht BERUFSAUSBILDUNG

Antwort

Bitte mit Postkartengebühr freimachen!

Dr.-Ing. Paul Christiani
GmbH & Co. KG
Technisches Institut für
Aus- und Weiterbildung
Hermann-Hesse-Weg 2

78464 Konstanz

Kenntnisbank der Praxis
Lesen und Erstellen von Werkstattzeichnungen

Stück	Best.-Nr.	Titel	EUR
....	100133	**Band 1 · Grundlagen**	9,10
....	100150	**Band 2** **Zeichenlehrgang mit** **Werkstückmodellen**	45,40

Formelsammlungen

Stück	Best.-Nr.	Titel	EUR
....	100114	**Metallberufe**	6,90
....	100131	**Energietechnik**	6,90
....	100132	**Nachrichtentechnik**	6,90
....	100120	**Bauberufe**	6,90

Preise inkl. MwSt. zuzügl. EUR 3,90 Versandkostenanteil pro Lieferung.
(Preisänderungen vorbehalten.)

....
Datum   Unterschrift, Kundennummer

Absender (bitte in Druckschrift)

....
Name, Vorname / Firma

....
Straße, Nr.

....
PLZ/Ort

Kostenlose Gesamtübersicht BERUFSAUSBILDUNG

Antwort

Bitte mit Postkartengebühr freimachen!

Dr.-Ing. Paul Christiani
GmbH & Co. KG
Technisches Institut für
Aus- und Weiterbildung
Hermann-Hesse-Weg 2

78464 Konstanz

Kenntnisbank der Praxis
Lesen und Erstellen von Werkstattzeichnungen

Stück	Best.-Nr.	Titel	EUR
....	100133	**Band 1 · Grundlagen**	9,10
....	100150	**Band 2** **Zeichenlehrgang mit** **Werkstückmodellen**	45,40

Formelsammlungen

Stück	Best.-Nr.	Titel	EUR
....	100114	**Metallberufe**	6,90
....	100131	**Energietechnik**	6,90
....	100132	**Nachrichtentechnik**	6,90
....	100120	**Bauberufe**	6,90

Preise inkl. MwSt. zuzügl. EUR 3,90 Versandkostenanteil pro Lieferung.
(Preisänderungen vorbehalten.)

....
Datum   Unterschrift, Kundennummer

Absender (bitte in Druckschrift)

....
Name, Vorname / Firma

....
Straße, Nr.

....
PLZ/Ort

Kostenlose Gesamtübersicht BERUFSAUSBILDUNG

Antwort

Bitte mit Postkartengebühr freimachen!

Dr.-Ing. Paul Christiani
GmbH & Co. KG
Technisches Institut für
Aus- und Weiterbildung
Hermann-Hesse-Weg 2

78464 Konstanz